毎日ラククラク笑顔になる

楽々かあさん流 お助けツール

本の中に登場する、三兄妹を育てる中で実際に使っているお助けグッズを紹介します。「ダウンロード」マークがあるものは、下のホームページからダウンロードできますので、活用してみてください！

ダウンロード　http://www.rakurakumom.com

1 階段の蛍光テープ

（75ページ）

▶子どもたちが安心して生活できるように、家の中の環境を整えてあげることがまず必要なので安全確保をします。

2 おうち標識　ダウンロード

（76ページ）

▶気をつけて欲しいことを交通標識のように「見える化」することで、注意・命令・禁止を聞かない子どもでも注意を向けてくれました。

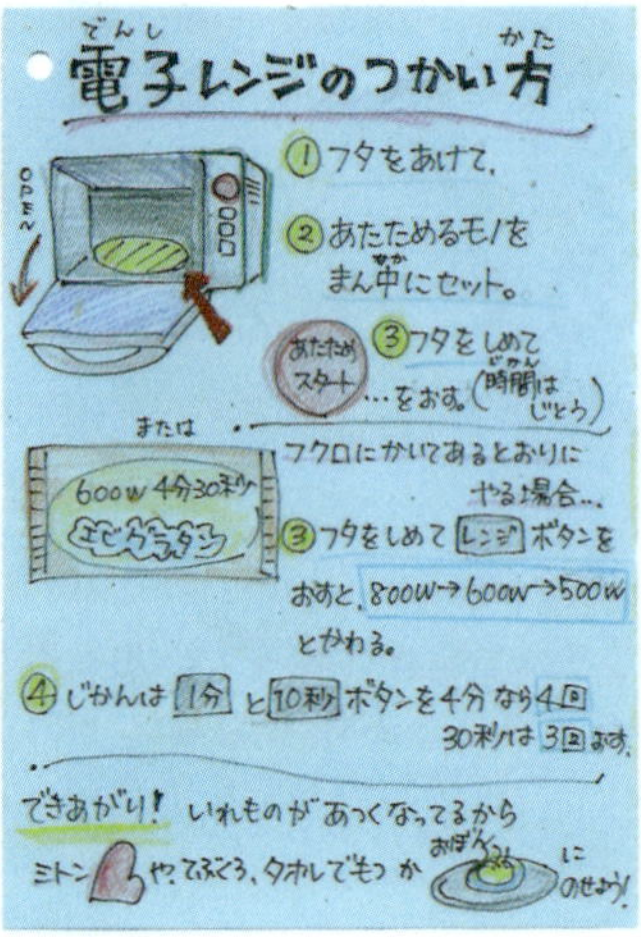

3 電子レンジの使い方
(78・111ページ)

▶うちではよく使う家電の近くに「使い方カード」を吊るしています。イラストが難しい場合には、取扱説明書でもよいと思います。

4 ポイント手帳 (92ページ)

▶うちでは「できたこと」「がんばったこと」にポイントをあげ、お小遣いと交換できる仕組みを採用しています。

5 できた日記（97ページ）

▶一人一冊、自分のできたことだけをピックアップした記録です。視覚的に残っているといつでも見直せ、子どもの自信になります。

7 したくカード（妹）
（100ページ）

6 したくカード（兄弟）
（100ページ）

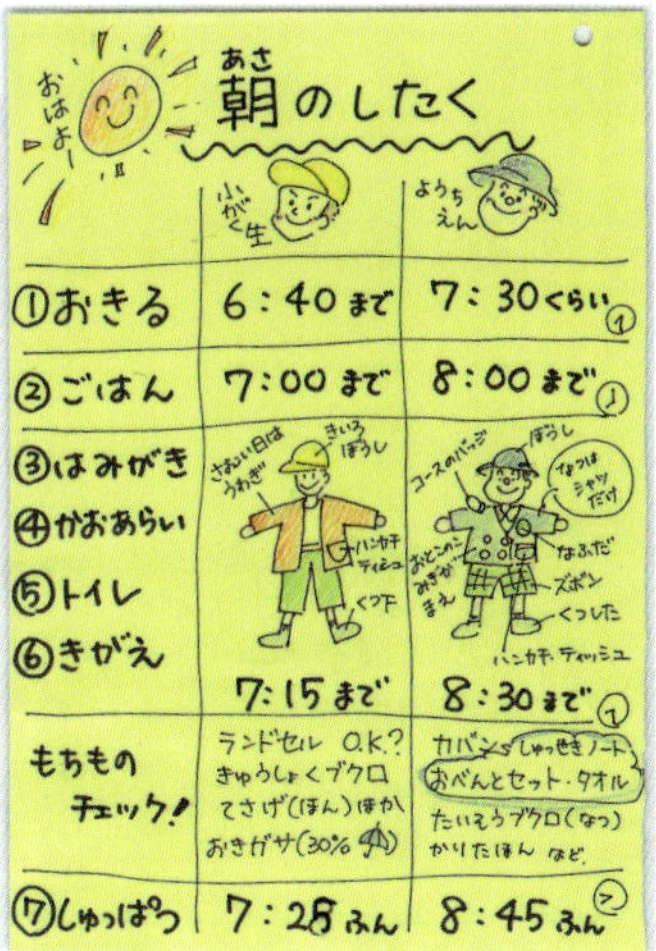

▶身支度の手順や服装の完成型を一目でわかるようにしたカードです。子どもの特徴に応じて少しアレンジしています。

8 気圧と温度の見える化 （102ページ）

▶天気の変化が見た目でわかるように、「気圧計」と「ガリレオ温度計」をインテリアを兼ねて置いています。

10 今日のオススメスタイル （103ページ）

▶気温に合わせて服選びができるように、目安になる着せ替え式の仕掛けカードを作りました。

9 気温スケール （103ページ）

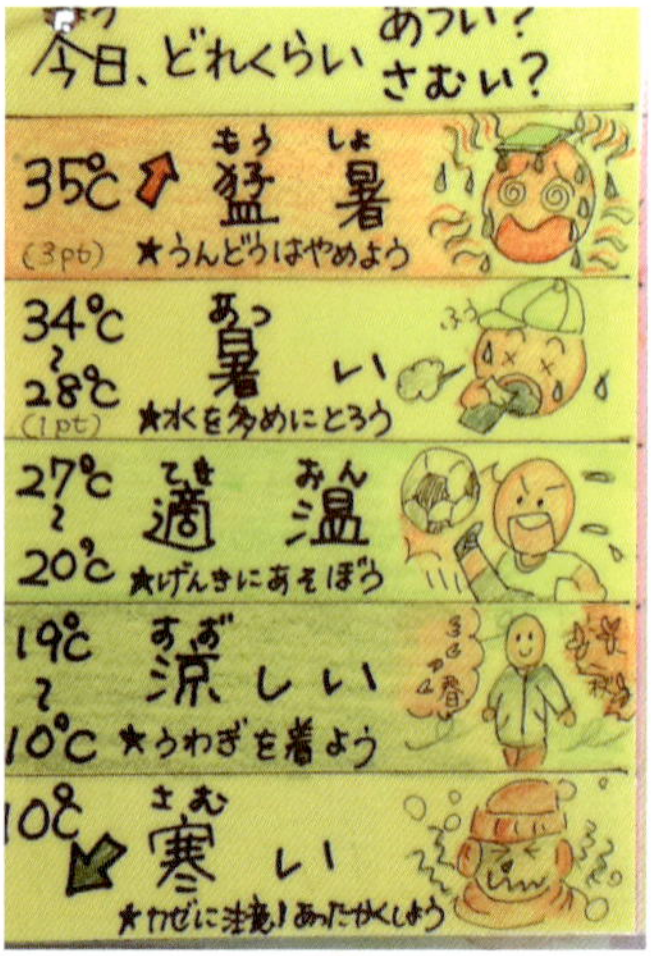

▶気温を温度で示しても子どもたちはピンとこないので、気温と体感の目安を5段階の表にしました。

11 OKカード
（108ページ）

▶「失敗は自分でフォローすればＯＫ」という考え方をもとに、失敗したときの対処法をイラストにしています。

12 トイレのしかた
（125ページ）

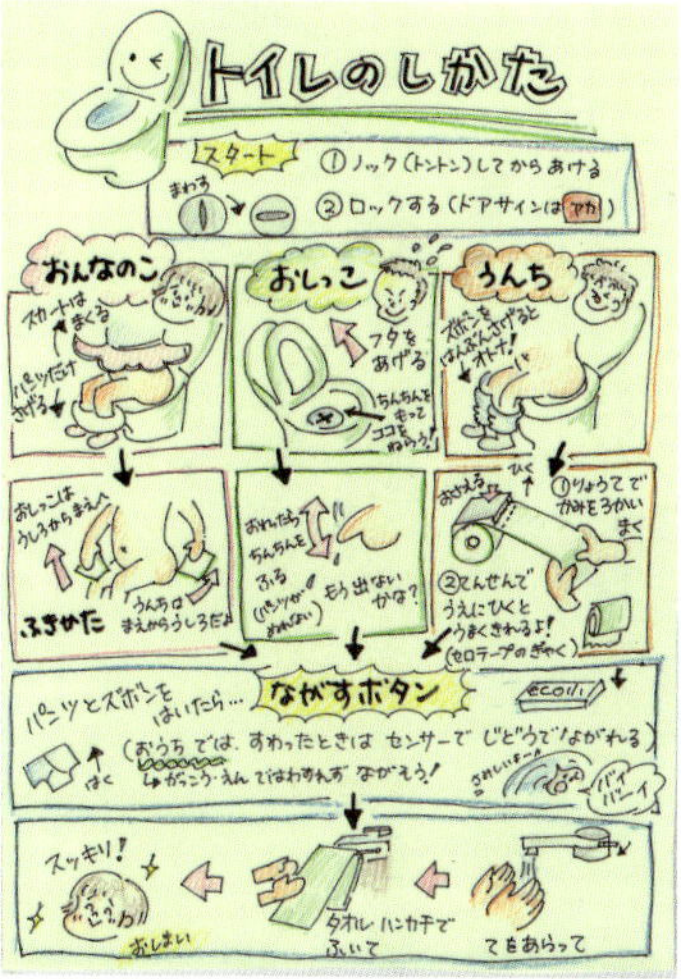

▶うちでは、男女別・大小別で「わがやのトイレのしかた」をイラストにして、トイレに貼っています。

13 きせかえパンツ
（126ページ）

▶オムツからパンツデビューした長女のために、きせかえ遊びをヒントに仕掛けカードを作りました。

14 便座のフタのうら（126ページ）

▶「トイレのエラー対策」のために、手書きメッセージ＆市販ツールを活用しています。

15 もののなまえラベル（130ページ）

▶収納と文字（漢字）学習のために、あらゆるものに名前を書いたラベルを貼っています。

16 旅行のしおり（153ページ）

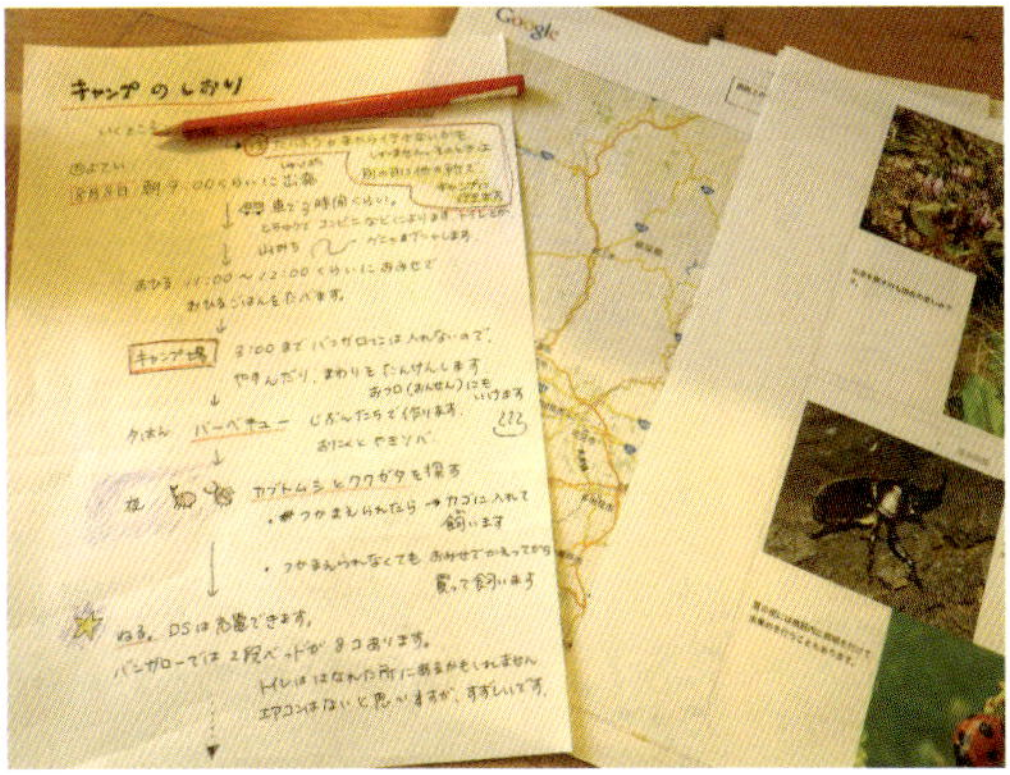

▶非日常が苦手な子どもたちが安心して旅行できるように、旅ごとにしおりを作っています。

17 連絡帳フォーマット（172ページ）

▶書字障害と不注意性のある長男は連絡帳を書いてこないことがあるので、○をつけるだけのフォーマットをつくりました。

月　　日　（月・火・水・木・金）

・時間割どおり
・国　算　理　社　体　音　図　書　道　総　他（　　　　　　　）

宿題：音読　漢ド（　　　　　）　計算スキル（　　　　　　）
　　プリ（国　算　他　　　　枚）　テスベ（国　算　他　　　　）
　　その他

持ち物：体操服　上ぐつ　水泳セット　習字セット　絵の具セット
　　その他

連らく：

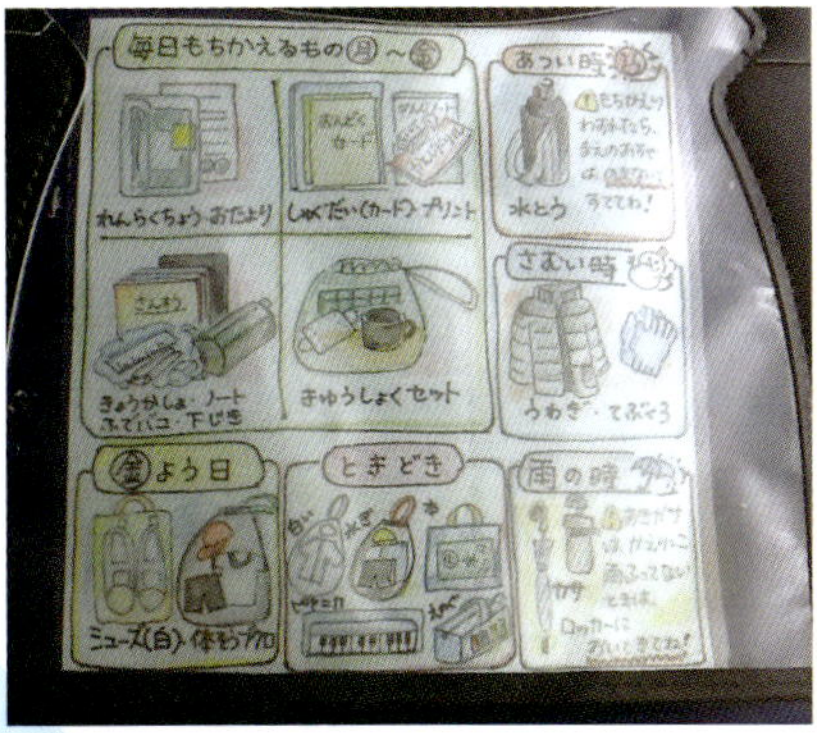

18 ランドセルのフタ用リスト（173ページ）

▶「持ち帰り忘れ」を防ぐために、ランドセルのふたの裏に入るリストを作りました。

20 連絡袋のタグ
（176ページ）

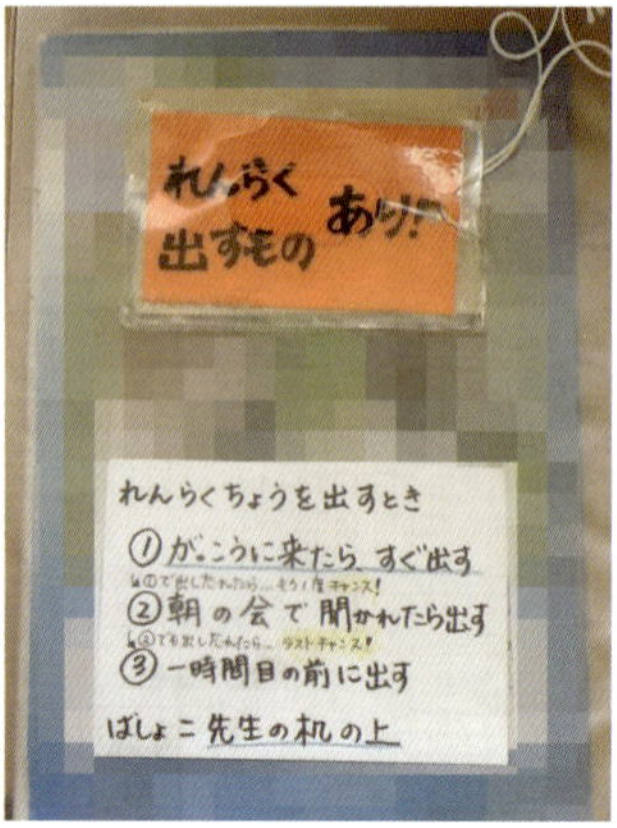

▶大事なものはファイル袋にひもをつけ、さらに「出し忘れ」を防ぐためにカードをつけています。

19 透明の手さげバッグ
（174ページ）

▶忘れやすい「上ばき」「体育館シューズ」「水着」などを入れる手さげは、透明のバッグでひとめでわかるようにしています。

21 運動会用プログラム
（178ページ）

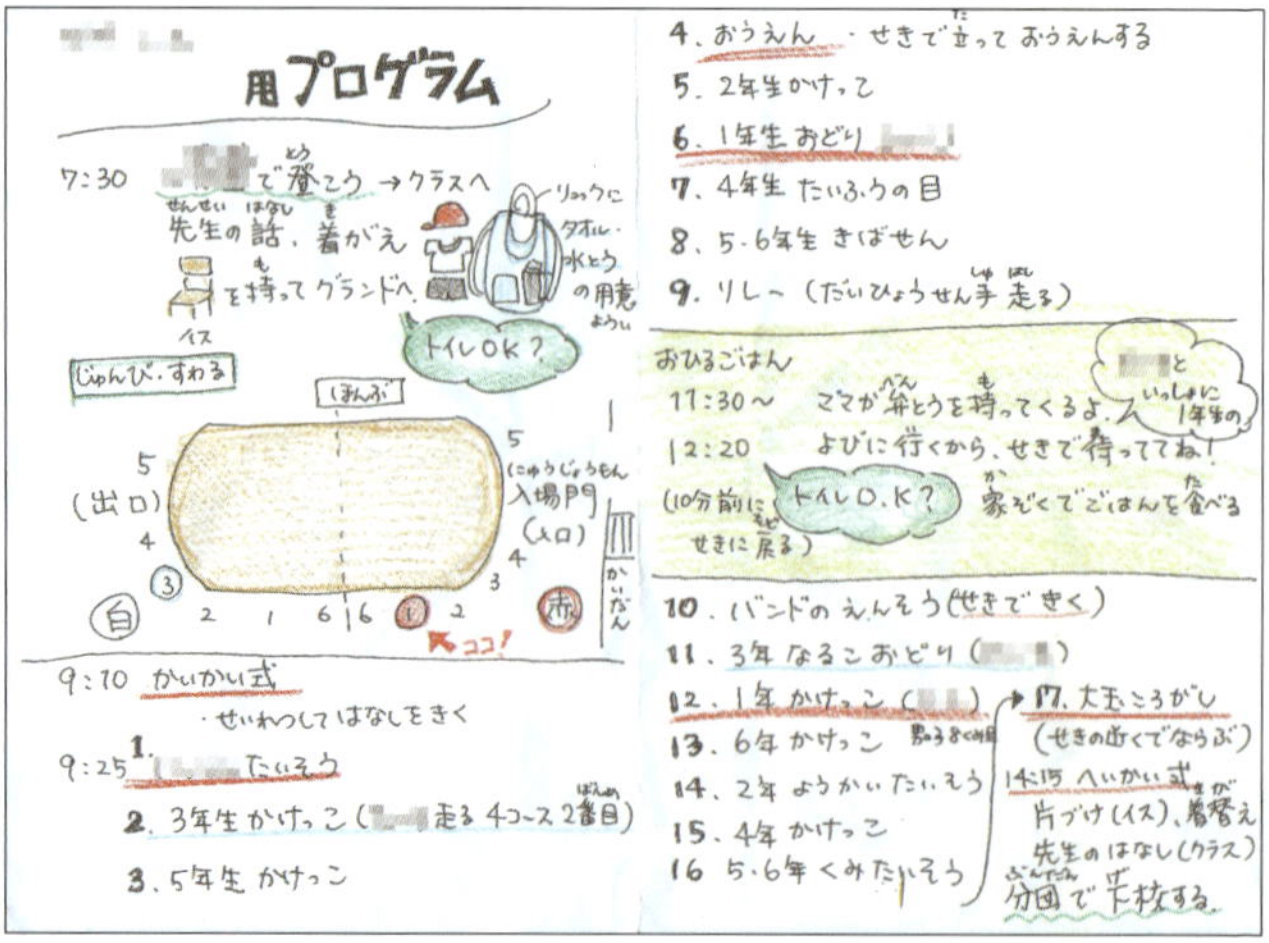

▶運動会はイレギュラーが多いイベントなので、安心させるために、一人ひとりに専用のプログラムを作っています。

22 ジャンケンフローチャート
(180ページ)

ダウンロード

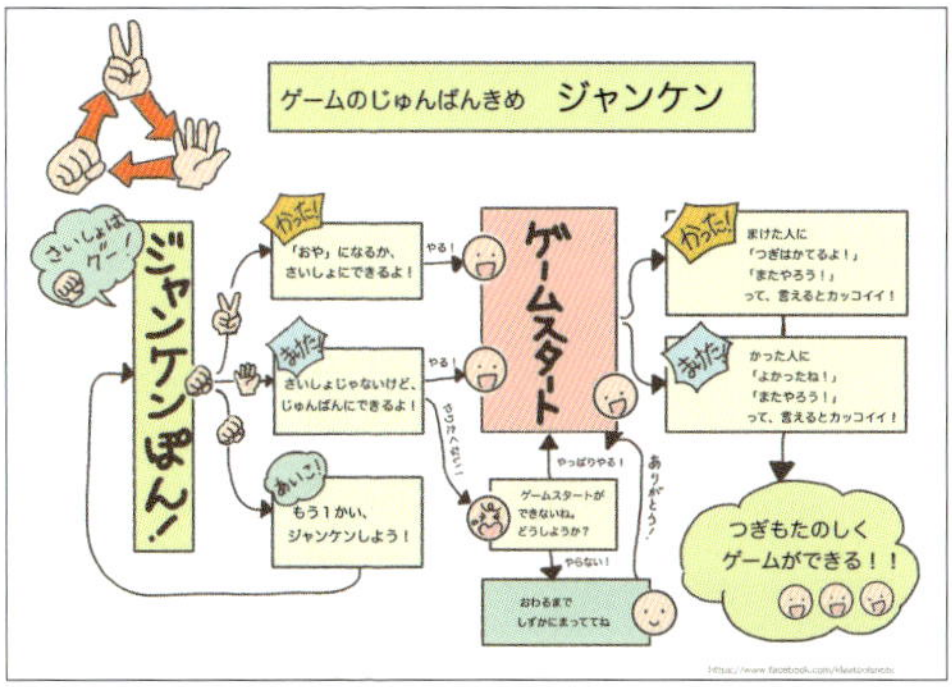

▶ゲームで勝ち負けが受け入れにくい子のために、「勝ったとき」「負けたとき」のフローチャートを作りました。

23 インデックス (182ページ)

(H23. 光村図書 . こくご一下ともだち)

▶教科書がなかなかさっと開けない子どもたちのために、インデックスシールをつけています。

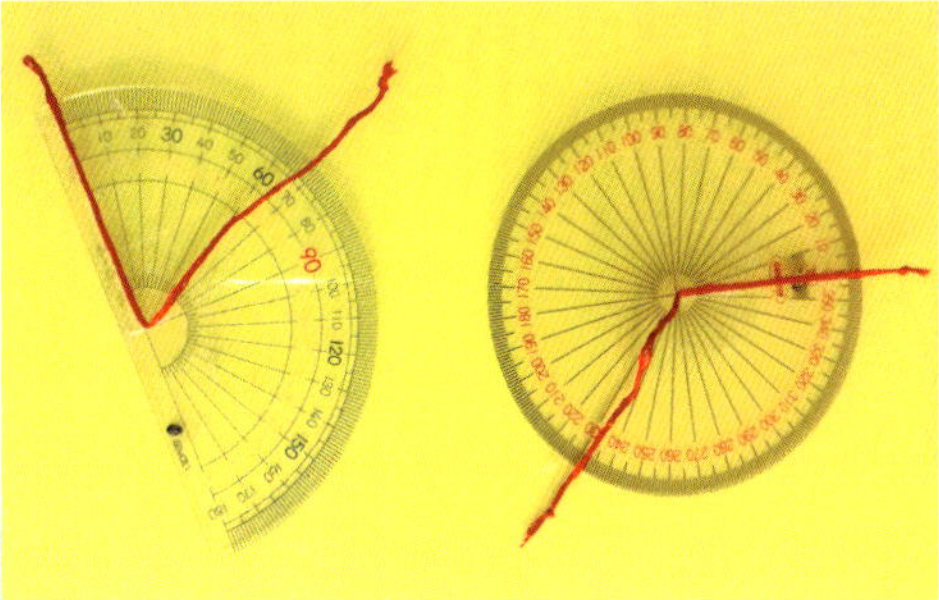

24 改造分度器
(184ページ)

▶ドライバーで片側のメモリを削って一方向にし（半円分度器）、赤い糸をつけて見やすくしたもの。

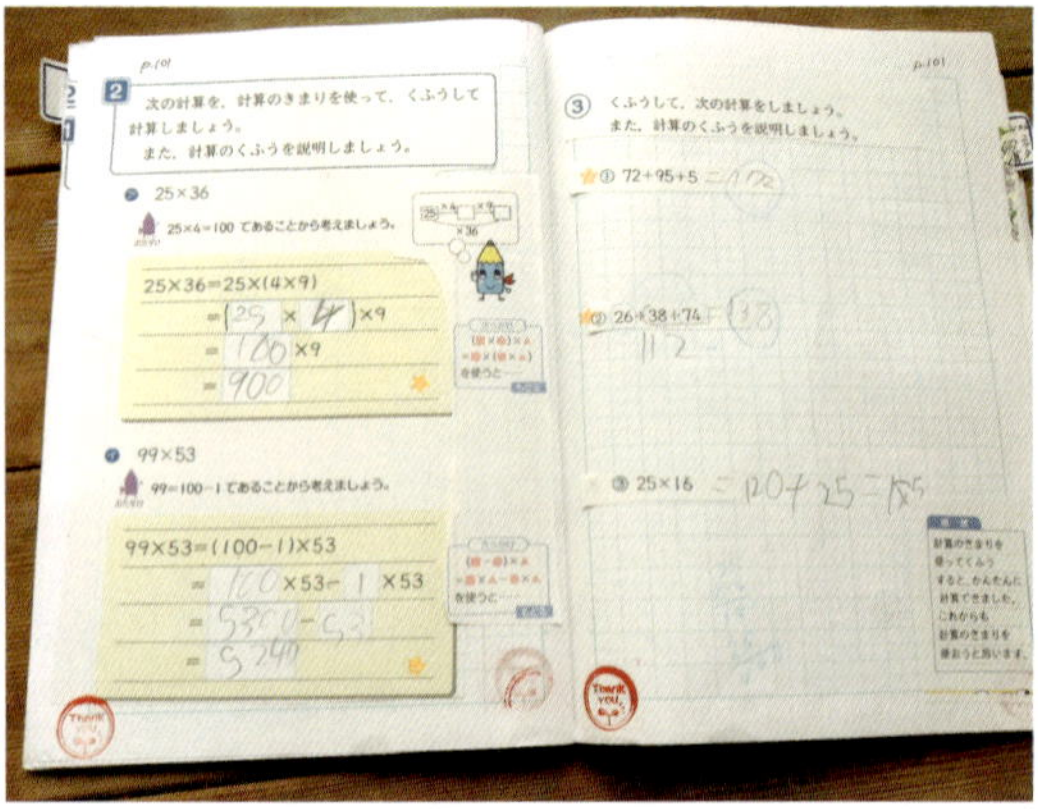

（H27. 新興出版社啓林館．わくわく算数４上）

25 教科書ノート
（188 ページ）

▶教科書を拡大コピーしてノートに切り貼りしたもの。板書の負担を減らせます。

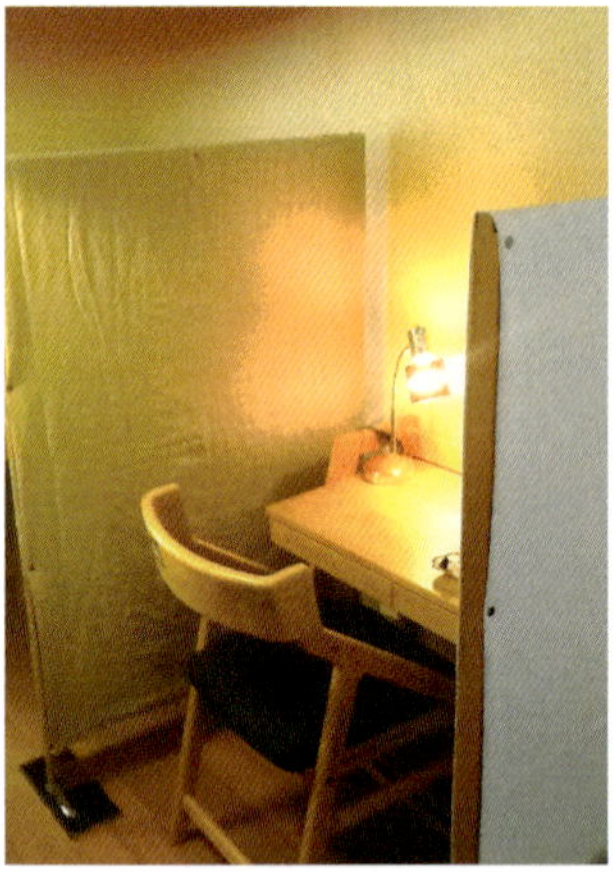

26 ついたて
（193 ページ）

▶一人ひとりが集中して勉強できるように「ついたて」を作り、子ども机を個室ブース化しました。

27 かな・漢字サポートカード
（198 ページ）

ダウンロード

▶問題が解けても字が思い出せないことがあるので、よく使う文字（計算単位や連絡帳の表記など）をまとめました。

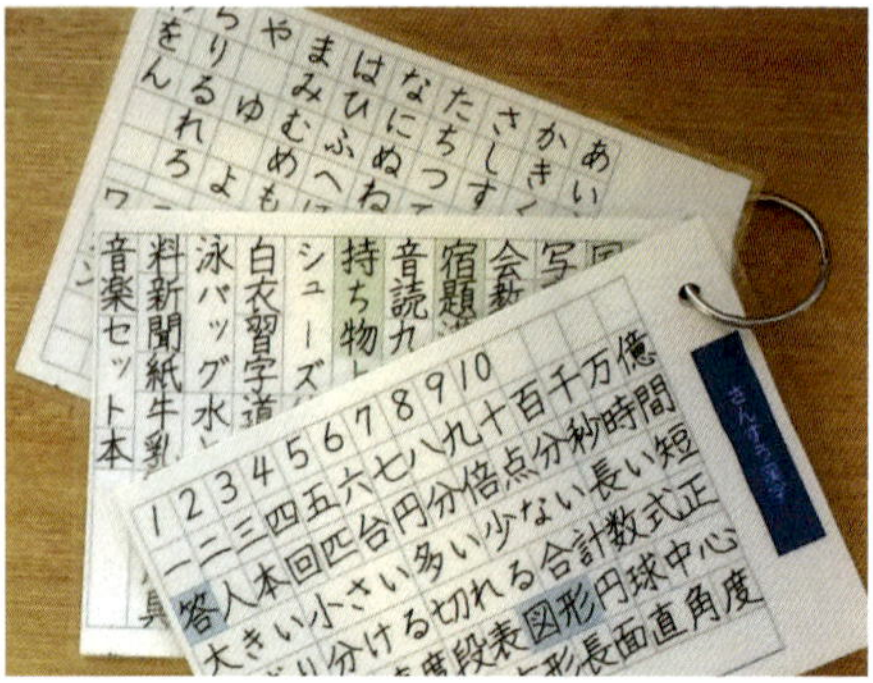

29 学期末のもちかえりリスト（233ページ）

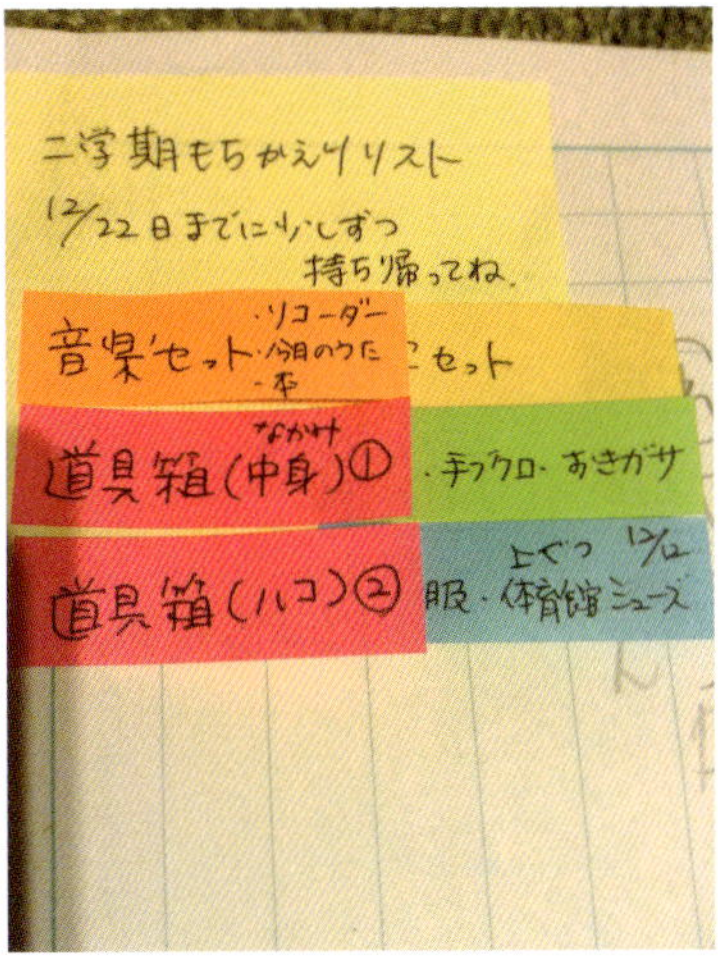

▶終業式の日に荷物で身動きが取れなくならないように、１週間前ほどから小分けに持ち帰るものをリスト化しています。

28 宿題リスト（210ページ）

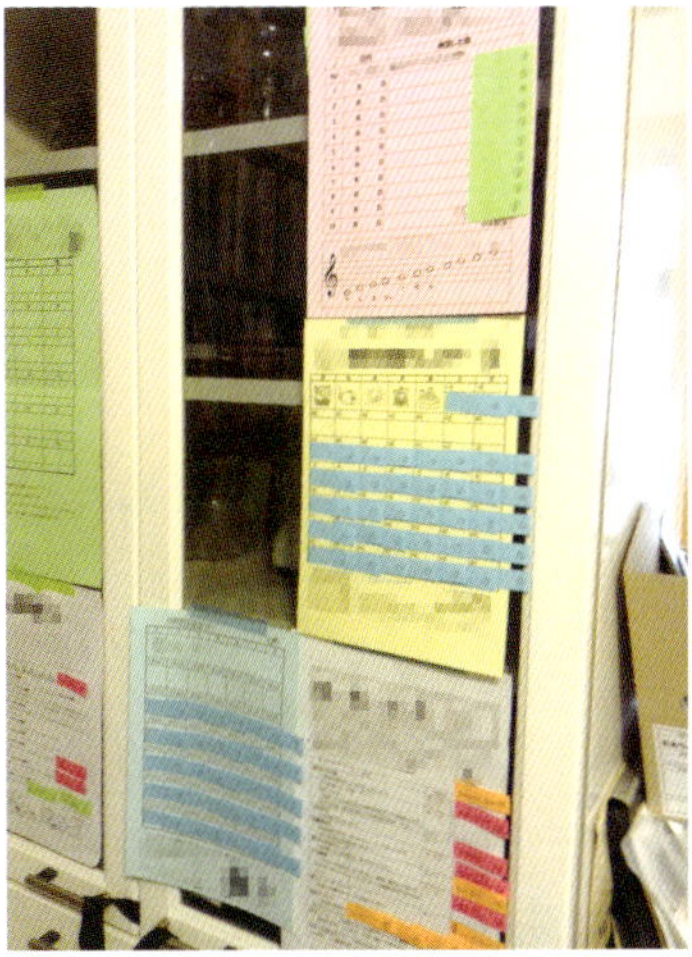

▶たくさん宿題の出る夏休みなどは、宿題の一覧リストをつくり、優先順位をつけたり課題別にポイントを加算します。

30 カレンダーのふせん（250ページ）

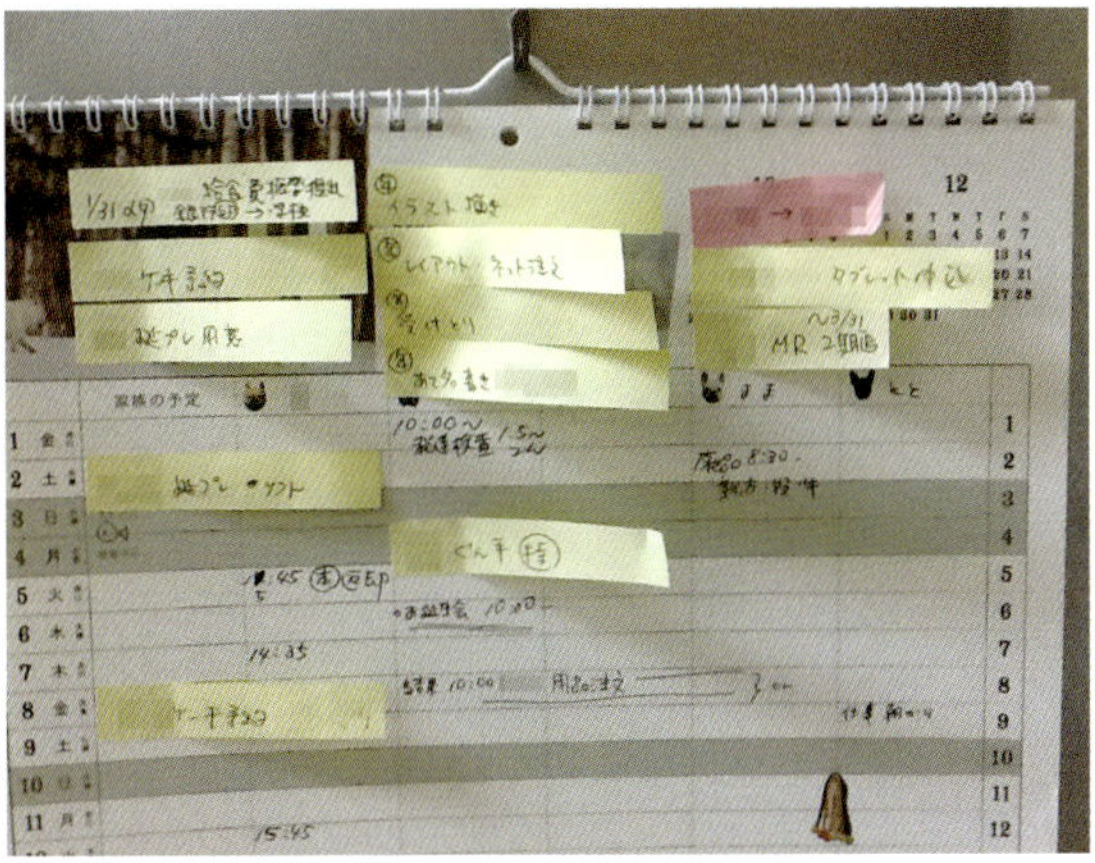

▶お母さんのやることリストを「ふせん」に書き出し、カレンダーなどに貼って優先順位をつけています。

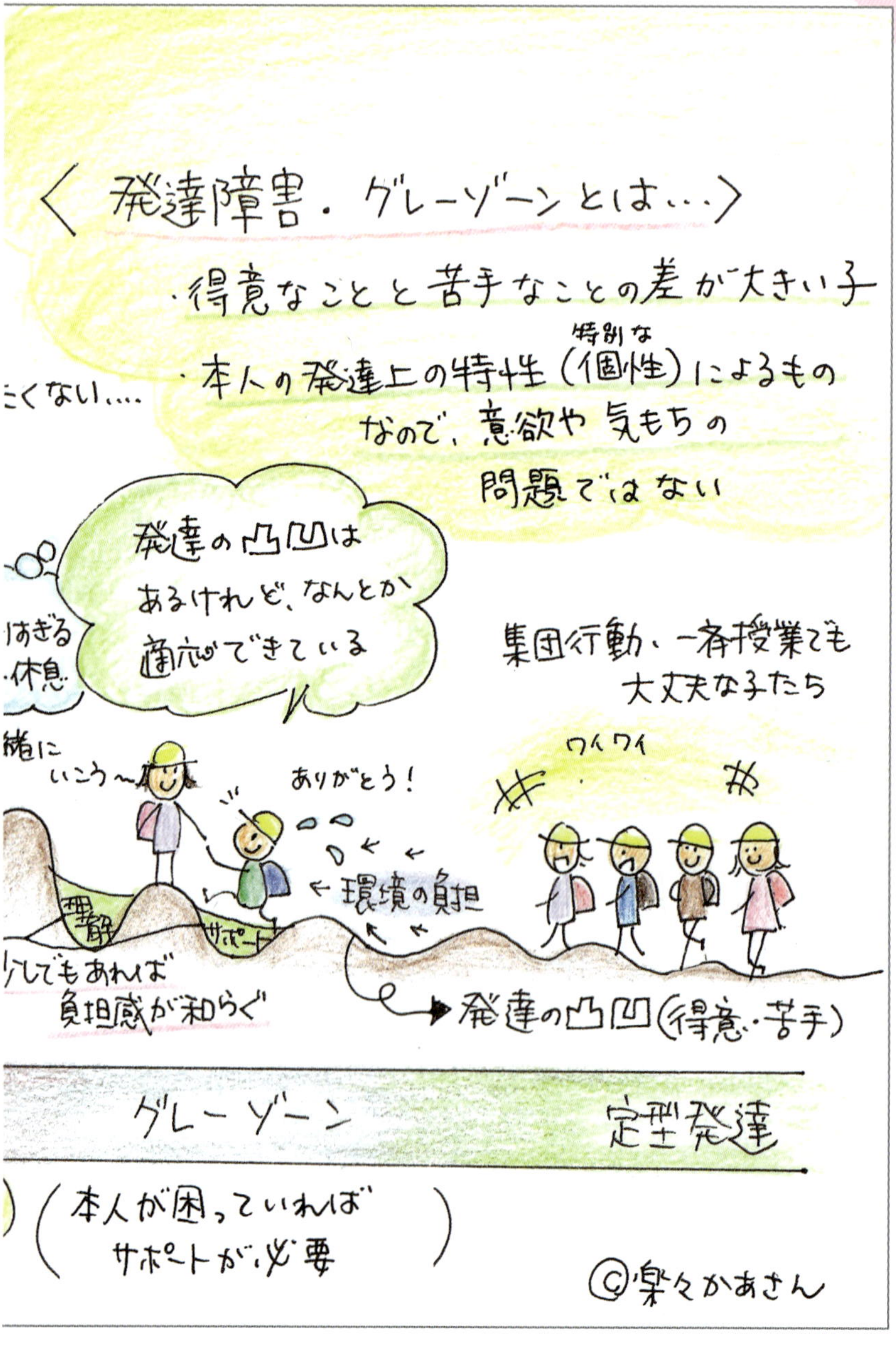
〈発達障害・グレーゾーンとは…〉
・得意なことと苦手なことの差が大きい子
・本人の発達上の特性（特別な《》個性）によるもの
なので、意欲や気もちの
問題ではない
たくない….
発達の凸凹は
あるけれど、なんとか
適応ができている
はぎる
・休息
集団行動、一斉授業でも
大丈夫な子たち
緒に
いこう～
ありがとう！
ワイワイ
理解
サポート
環境の負担
しでもあれば
負担感が和らぐ
発達の凸凹（得意・苦手）
グレーゾーン
定型発達
（本人が困っていれば
サポートが必要）
©楽々かあさん

発達障害・グレーゾーンの解説用イラスト

ダウンロード

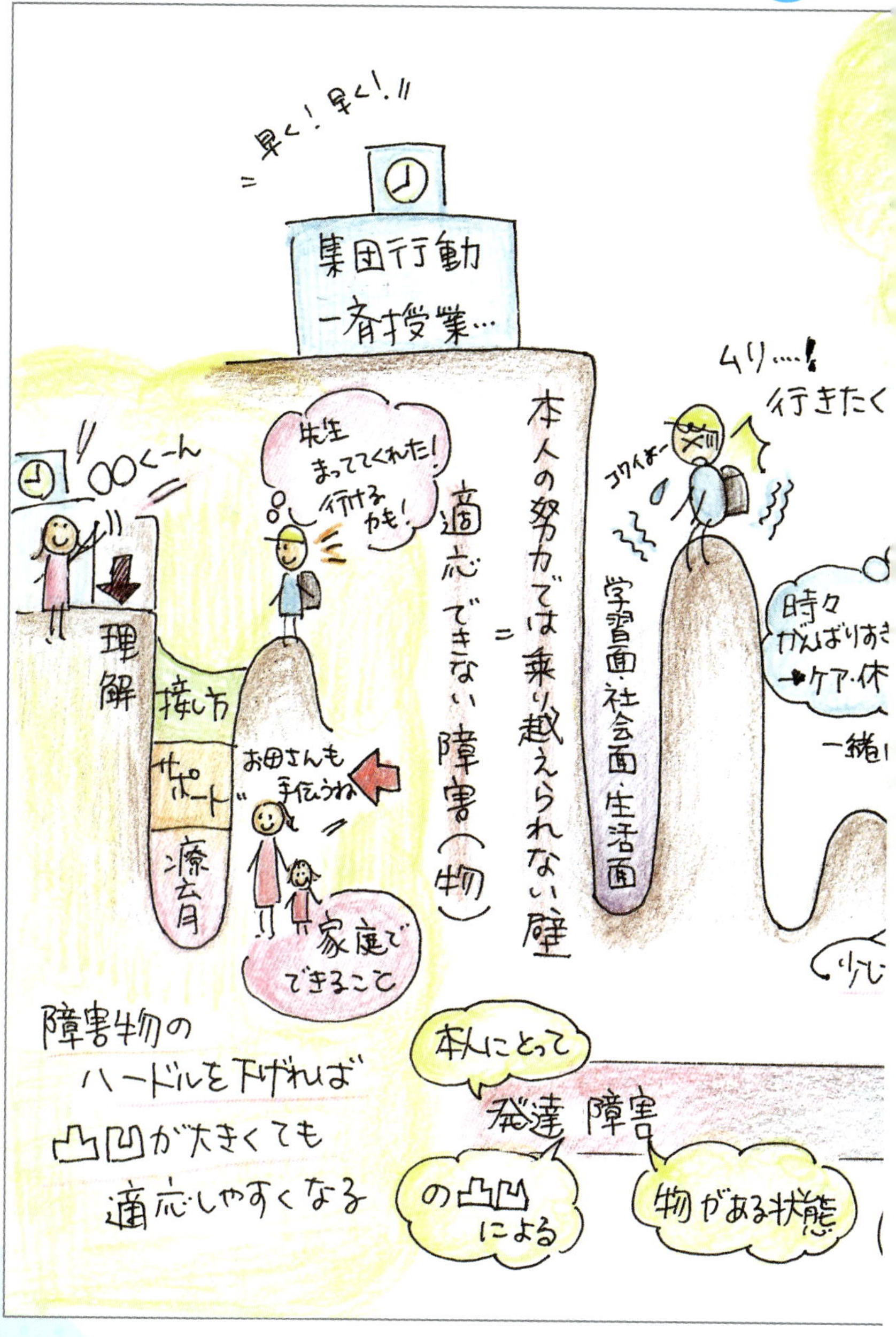

	memo
	タイマー併用
	具体的数字など
	実例
	スケール、TVの音等
	やっていいこと
	具体的に
	気持ちを伝える
られないけど、それでも大丈夫？	結果の予測を伝える
遊べるよ	メリットを伝える
	興味ある情報
	問いかけ
	具体案を促す
てくれる？	興味を引く
	対処法を伝える
	肩を軽く叩く、など
手伝えるよ	ソン・トク
1ポイントおまけ	
	ブランコなど
	指を見せる→折る
ありがとう	兄弟は別にケア
	共感すれば早く治まる
	感情は否定しない
お母さんに教えて	分からなければ聞く
その時は○○すればいいからね	変更の可能性と対処を伝える
いるから、病院ではゲームの音OFFにしてね	迷惑の具体的な理由とやることの指示
2つ目。次やったらバクハツするよ	（コミカルに）事前警告を与える
片付けよっか	天才のしりぬぐい

声かけ変換表（指示・命令・禁止）

ダウンロード

before → 1.2.3	→ after
いい加減にしなさいッ!	あと何分で終われそう?
ちょっと待って!	あと○分（秒）だけ待ってね(^_^)
うるさい!	声を「これくらい」にしてくれる?
	声をボリューム2にしてくれる?
走るな!	歩こうね
危ない!	止まって!
危ないからダメ!	お母さん、ケガが心配だなぁ
	もしケガしたら、今日は出かけ
早く支度しなさいッ!	5分で終われば、あと10分
早くおフロ出なさいッ!	夕飯はカラアゲだよ
あー、もう、だから言ったでしょッ!?	どうすれば良かったんだっけ?
何度言ったら分かるのッ?	どうしたらいいと思う?
（こぼしたら）拾って!	ニンジン逃げた!　捕まえ
（失敗して）あーあ、もう!!	ぞうきんで拭けばOKだよ
○太郎ー!　○太郎～!　○太郎ッ!!	（そばまで行って気づかせる）
もう!　いつンなったら宿題やるのッ!!	宿題、何時からやる予定?
	○時までなら、お母さん
	○時までに終われば
ほらぁ!　お友だち待ってるでしょ!?	あと何回数えたら替われそう?
もう!　早く帰るよッ!	あと3回だけ待ってるね
（兄弟を叩くなど）やめなさい!!!	（終わったら）やめれたね。
（転んで）痛くない、痛くない、痛くな～いッ!	痛かったね～(^_^)
（イヤなど）そんなこと言ったらダメ!	そうか～、イヤなんだね～
このワカランチン!もう知らんッ!!	どうすれば分かるか
雨なんか降らんよ～、大丈夫、大丈夫♪	雨は○%の確率だけど、
人のメーワクになるからやめなさいッ!	音が大きいと頭痛くなる人も
○太郎!!!（バクハツ!）	（事前に）今、カンニングブクロ
何やってんのッ!　バカタレ!	さすが、天才!　一緒に

育児を頑張り過ぎている時の対処法

ダウンロード

1 家事の手を抜く
（優先順位をつける、OKラインを下げる）

2 子どもから離れて休む、息抜きする

3 子どもをぷにぷにする、じっと見つめる、においをかぐ、体温を感じる

4 赤ちゃんの時の写真を見る、イメージする、子どもの笑い声の録音を聴く

5 気持ちを外に吐き出す
（グチを話す、書く）

6 人に優しくしてもらう
（有料可。美容院・マッサージ等）

7 人に頼んで休む
（保育・家事代行・宅配サービスの活用）

8 プロに相談する、カウンセリングを受ける

9 医療機関の受診
（婦人科、心療内科等）

10 「助けて」と言う

発達障害＆グレーゾーンの3兄妹を育てる母の毎日ラクラク笑顔になる108の子育て法

大場美鈴（楽々かあさん）〔監修〕汐見稔幸 白梅学園大学 学長

ポプラ社

はじめに

はじめまして。私は、三人の子どもの子育て真最中で、「お母さん」という世界一同業者の多いお仕事をしています。このお仕事、ただでさえ年中無休・無報酬という過酷なものなのに、うちの子たちはみんなちょっぴり取り扱いにコツがいる、育児上級者向けコースの子ども達だったのです。

▼フツーの子育てがうまくいかない!?
——「怒るしか思いつかなかった」私

長男が幼稚園の頃、私は他のお母さん達と同じように、子どもがなにかできたらほめ、ワガママを言えば諭し、いけないことをしたら叱って、子育てをしていました。

ところが、うちの子ときたら、不器用で、あわてんぼうで、失敗ばかりだったので、「できたらほめよう！」と思っていても、全然ほめるチャンスがやってこないのです。ワガママばかりでテコでも動かず、いくら根気よく優しく諭してみても、「イヤだ！」の一点張り。いけないこと、危ないことを注意しても、何度でもまた同じことをやらかすのです。

「フツーの子育て」の手が全く通じなかった私には、残る手段は「怒る」しか思いつきませんでした。とりあえず鬼の形相で怒鳴れば、動きを止めてくれます。ゲンコツをくれれば泣き止みます。ムリヤリ抱きかかえれば、家に帰れます。

身支度、登園、公園遊び、食事、兄弟げんか……と、子どもが何かをするたびに、一日中怒ってばかりいました。

当時を思い返すと、今でも胸が痛みますが、それでも毎日歯を食いしばって、弟、妹の世話もしながら必死で子育てしていました。そうしているうちに、長男も成長すれば少しは落ち着くだろうと思っていたのです。

ところが、小学校に入学し、長男は落ち着くどころか、余計に問題行動が増えてしまいました。ランドセルの中身はからっぽ、登下校ではケンカばかり、漢字書き取りは投げ出す、クラスのゲームに参加できず教室を飛び出してしまう……担任の先生からも毎日のように電話がかかってきました。

長男のことにかかりきりの日々で、次男には無気力な様子がみられ、赤ちゃんの長女も最低限のお世話で精一杯。一生懸命やっているつもりなのに、「なんで私だけ、こんなにうまくいかないんだろう」と、いつも思っていました。

そんな時、パパが「おれの小さい頃もこんなだったかも？」と見せてきた、たまたま仕事の関係で読んでいた本。そこには、まさにうちの長男のことが書いてありました。このとき「発達障害」という言葉を初めて知り、私は、なぜ「フツーの育児」でうまくいかなかったのか、ようやくうちの子の謎が解けて、モヤモヤとした霧が晴れて行く想いがしました。

▼発達障害・グレーゾーン？
——得意なことと苦手なことの差が激しい「凸凹さん」

ようやく我が子のことに気づいた私は、そこから独学で猛勉強しました。

育児や心理学の専門家や特別支援教育の本、当事者の手記。参考になるものは片っ端から読み、私にもできそうなものはとにかくまず実践し、試行錯誤。尊敬する東ちひろ先生の子育て電話相談でカウンセリングも受けました。

「発達障害」という言葉には、ASD（自閉症スペクトラム：社会性・想像力・コミュニケーションに困りがある）、LD（学習症／学習障害：聞く・話す・読む・書く・計算する・推論するのに困りがある）、ADHD（注意欠如多動症／注意欠陥多動性障害：多動性・衝動性・不注意の特徴がある）、DCD（発達性協調運動障害：全身・手足の動きの調整が苦手）などが含まれ、長男のようにそれぞれの特徴を併せ持つ子も多いようです。

また、ASDの中には知的な困難さがない場合などに、「軽度」と表現されることがありますが、本人・周りの困難は決して軽くはなく、また、生活に支障が出ている場合などは、「軽度＝軽症」とも限りません。

くわえて、一目見た印象だけでは分かりにくく、長男のように問題行動が増えてから発見されるため、不適応になるまで気づかれない、ということも多いようです。

当時、小学校の教室から泣いて飛び出した長男は「発達障害」の範囲にあり、次男・長女・パパ、そして私自身もいわゆる「軽度・グレーゾーン」のどこかに当てはまる、「凸凹さん」だったことに気づきました（この「発達の凸凹」という言い方は

『ギフテッド―天才の育て方』（学習研究社）という本の中で杉山登志郎先生が提言されており、とても優しい配慮のある言葉なので、本書では発達障害の特徴のあるお子さんを、診断のある・なしにかかわらず「凸凹さん」と呼びます）。

「障害」になるかどうかは、その凸凹の強さだけでなく、周りの環境との段差、つまり本人がそのコミュニティ（学校、園、地域など）に適応できているかどうかで決まるのだと思います。そして、「発達の凸凹」の差があるけれど、なんとか適応できている子は「グレーゾーン」と呼ばれ、「発達障害」と「定型発達（いわゆるフツーの子）」の間をうろうろしています。

私なりに理解した「発達障害とは？」の答えを一言で言うと、**「得意なことと苦手なことの差が大きい子」**だと思います（発達障害・グレーゾーンの解説は12〜13ページのイラスト参照）。誰にでも得手・不得手があり、その凸と凹の形を「個性」というのだと思いますが、発達障害の子はその個性による「発達の凸凹」の差が大きいため、「特別な個性＝特性」になるのです。

▼自己紹介

——全てのお母さんが「うちの子専門家」

私は、「楽々かあさん」と名乗って「発達障害　アイデア支援ツールと楽々工夫note」というFacebookページを個人で立ち上げ、うちでやってみたことを、育児アイデアと支援ツールのシェアという形で発信する活動もしています。

以前、「声かけ変換表」などがネット上で話題になったこともあり、今ではお子さんに発達障害のある・なしにかかわらず、1万6千人以上のお母さんやお父さん、先生や支援者さんなどが、投稿を楽しみにして下さっています。

この本でも、私と同じようなことでお困りの毎日頑張っているお母さんと、うちの子と同じように怒られたり、失敗したりすることが多くて、自信をなくしがちなお子さんが、少しでも楽になれるように、今までの私なりのうちの子ノウハウと育児アイデアを「これ以上何も出ません」というくらい、可能な限り全てお伝えしています。

ただし、うちでこれらの工夫を実践して、「学校が大好きになった」とか「発達障害が治った」ということではありません。でも、「うちの子なりに」、そして「私なりに」なんとかやれている、今後もなんとかなるような気がしている、と思えるようになりました。

私は、療育や教育、コーチングや心理学などの専門家ではありません。あるのは、長男が生まれた瞬間に強制発行された「親の資格永久ライセンス」と運転免許証だけです。でも「うちの子」のことは、世界中の誰よりも、よく見てきました。

きっと、あなたのお子さんのことは、あなたが世界一よく見てきたことでしょう。私は、全てのお母さんが「うちの子専門家」「うちの子の子育てのプロフェッショナル」だと思っています。

当然私も、新米の頃はお手上げで、毎日子どもに振り回され、ヨレヨレのグダグダ。子どもと何かをするたびに怒ってばかりで疲れきっていました。

でも、「うちの子の取り扱いのコツ」が分かってからは、子育てが随分楽に、そして楽しくなりました。実は「言っても言っても分からない子」に、分かるように伝わる方法はいっぱいあるんです。

この本が、同業者の皆さんのお役に立ちましたら幸いです。

大場美鈴（楽々かあさん）

家族紹介

うちは「凸凹さん一家」です

個性豊かなうちの家族の紹介をします。

パパ（とうちゃん・研究者）

ASDとADHDの傾向がややあり、すぐにどこかに行く。温厚でお人好し。理工系の研究室で機械に囲まれている。少年の瞳をした中高年。趣味はゴルフ、ランニング、読書。

私（かあちゃん・アイデア主婦）

ASDとADDの傾向があり、記憶の整理と人付き合いが苦手。手先が器用で、アイデアはいくらでも出て、過集中する体質。小学生のころ「選択性かんもく」（家族や馴れた人との会話はできるが、外では話さない子）と不登校の経験あり。作文とお絵かき、家事の手抜きが得意。趣味は色鉛筆画、パズル。

長男（○太郎・小4）

ASD+LD+ADHD。ユニークで発想力が豊か。よく動きよくしゃべる。小さな頃は数字が大好きで、幼稚園を3年間しぶり通す。小1の時、アスペルガー症候群と診断される（39ページ参照）が、現在はADHDとLDの傾向が強く、通常学級に在籍し、取り出し個別指導も受けている。趣味はゲームとストーリー作り、いたずら。

次男（○次郎・小2）

ASDのグレーゾーン。真面目で優しい、地蔵系男子。感覚過敏で疲れやすく、特に聴覚・触覚が敏感。通常学級在籍。小さな頃はおとなしく、「選択性かんもく」の傾向があった。大人びていて、趣味はゴロ寝でマンガ、音楽鑑賞。

末っ娘（○子・幼稚園児）

未診断。やや感覚過敏の傾向。世話好きで、チャーミング。歌と踊り、動物・人形が大好き。活発でちょっぴり気分屋だけど、幼稚園には楽しく通っている。観察力が鋭く、空想力と色彩感覚が豊か。趣味はおうちごっことお散歩、お絵かき。

発達障害&グレーゾーンの3兄妹を育てる母の毎日ラクラク笑顔になる108の子育て法

もくじ

1章 接し方の基本編

2章 伝わる方法の基本編

3章 家の中の工夫編

4章 おでかけの工夫編

5章 学校・園生活の工夫編

6章

学習サポート編

7章 育児を頑張り過ぎているときの対処法編

※本文中の「アスペルガー症候群」「自閉症」は新しい基準では使われず、「自閉症スペクトラム」と言われます。
※本書の内容は2015年12月現在のものです

編集協力　編集集団 WawW ! Publishing
本文デザイン　松好那名（matt's work）

1章

接し方の基本編

1

子どもを怒り過ぎてしまう

「手段」として怒るのを変換する

毎日怒られっぱなし、そして、怒りっぱなしの状態は、子ども・親、双方にとってとてもつらいものです。私も「また今日も一日怒って終わった……はぁ～」と、毎日自己嫌悪に陥り、育児に対する自信をすっかり失っていました。

そんな私が当時を振り返って分析すると、親が怒る理由は二種類。一つは「感情」で怒ってしまう場合。一方的に人を攻撃した、言ってはならないことを言った、あるいはもっと個人的に気になって、直感的に「許せん!」と思うようなことです。

もう一つは、子どもを動かす「手段」として怒っている場合です。大きな声で怒鳴ったり、イライラと不機嫌な態度を見せたり、冷たく突き放したり、「空気で」思いどおりにならない子どもを、なんとか動かそうとしている状態です。

両者の間に明確にラインを引くことができない場合もありますが、まず、ここを意識するだけでも、少し違ってきます。

意外に思われるかもしれませんが、**私は、前者の「感情」で怒ってしまうことは、「仕方がない」と一旦諦めてしまうのがいいと、開き直っています。**

「感情」にいいも悪いもありません。できれば、いつも穏やかに子どもに接することができたら、それが家庭円満でベストだと思いますが……お母さんも人間ですからね。あまりに感情を抑え込み過ぎてしまうと、お母さんが自分自身を攻撃して、抑うつ状態になってしまう可能性もあります。

だから、「感情」で怒るのは「しゃあない、しゃあない。あるある〜」です。

でも、もう一つの「手段」で怒っている場合は、別の方法があります。

「手段」で怒ることは、実はとても効率が悪いのです。特に「凸凹さん」に対しては、ほぼ100％ムダなエネルギーを消耗している、と言えると思います。だって、この作戦は「空気が読めない」人には通じませんから！（笑）

また、空気が読める子にとっても、重苦しい雰囲気は伝わるものの、肝心の「何を伝えたいか」「どうして欲しいのか」ということは、不安感や重圧にかき消されて、まっすぐ伝えることができません。その結果、同じことで何度も怒る、ということになりがちです。

そして、もし、子どもが「人を動かす方法」として、これしか親から学習しなければ、大きくなった時に生きづらさを抱えてしまう可能性もあります。

それよりも、上手に気持ちを伝えて、周囲に理解を求めていく方法を身につけたほうが、ずっと生きやすくなるでしょう。まずは、私がその方法を身につけて実践し、子どもにお手本を見せていく必要がありました。

「手段」として、怒ってなんとか動かそうとしていることは、全てもっと効率のいい「工夫」に変換できます。かつて、余裕がなくて、少ない手持ちの「子育ての技カード」が全てお手上げで、怒るしか思いつかなかった私も、今ではたくさんの使えるカードを持っています。

それが「うちの場合は」、これからお伝えする支援ツールであり、声かけであり、道具の工夫であり、分かりやすい愛情表現だったんです。子どもは分かるように伝えれば、どんな子にも伝わりますし、少しの手助け・ヒントがあれば、自分の意思で動けます。そんな我が家なりの工夫をこれからお伝えしていきます。

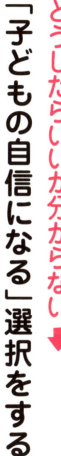

2 どうしたらいいか分からない ↓ 「子どもの自信になる」選択をする

子どもの「発達の凸凹」に気づいたものの、目の前には問題が山積みでした。当時の長男は、漢字学習につまずき、「国語のある日は学校に行きたくない！」と言って時々休んだり、遅れて登校したりしていました。国語って毎日ありますよね（苦笑）。毎日怒られっぱなし、怒りっぱなしで、できないこと、取り組めないことばかりで、長男と私は、すっかり自信を失っていました。そして、一番の問題は、その「自信のなさ」にありました。

「二次障害」という言葉があります。発達障害によって、周囲からの必要以上の叱責や無理解の状態、失敗体験などが続いて、「自信」を失ってしまうと、人を信じられない、心を開けない、極端に失敗を恐れる、無気力、といった状態になることがあります。これを放置しておくと、いじめや不登校、心の病など、より深刻な社会不適応の状態になってしまう可能性があるのです。当時の長男には、その兆候がやや見られていました（そして、私も外出などをつらく感じていました）。

だから、とにかく子どもと、そして私自身の「自信を回復すること」が何よりも優先する課題でした。

発達障害そのものの特性によって、得意なこと、苦手なことがあるのは、体質的なことなので、良いも悪いもなく、私は無理に治す必要もないと考えています。ただ、**「二次障害」は周りの理解とサポートで、子どもに「自信をつける」ことができれば、充分防ぎ・改善することができます。**

「自信」は文字通り、自分を信じる力です。

でも、子どもも親も、一体自分の何を信じればいいんでしょう。私なりの答えはこうです。

「自信」とは……

・自分は、１００点でも０点でも、親から愛されていると思える気持ち

・自分は、この世界に存在していいんだ、という安心感
・自分は、無力ではない、自分でできる！ という気持ち
・自分は、周囲から認められ、必要とされている、という気持ち
・自分のことを、ありのままでも好きだと思える気持ち

「自信」があれば、地面に根っこをしっかりとはることができます。多少の発達の凸凹があっても、人生の途中でつまずいても、予測不能の事態に巻き込まれても、「その子なりに」乗り越え、立ち直り、生きていく選択をしてゆけるので、なんとかなるものだと思っています。この「うちの子は、大抵のことはなんとかなる」と思える気持ちも「親の自信」と言えると思います。

そして、「自信」がつけば、「その子なりに」落ち着いてくるし、やる気も出てくるんです。

だから、うちの長男には、まず、失った「自信」を回復するにはどうしたらいいのか、を第一に考えました。

そのためには、何をするにも、いつも「より本人の自信につながるのは、どちら

か」を頭に入れた育児の選択をしていけばよかったのです。もちろん、いつも必ずそうできるというわけではありませんが、本人の「自信になること」をできるだけ優先することで、全体的に良い方向に進んでいくことができます。

学校に発達障害のことを伝えるか、伝えないかは、理解とサポートが得られたほうが自信につながると思い、連携をお願いしました。誰かに相談するか、しないかは、守秘義務を守れるプロの力を借りることにしました。本人に発達障害のことを話すか、話さないかは、長男が自分で周りの子との違いに気づいた頃のタイミングで話しました。

うちでは、いつも「より自信になりそう」なほうを選んできました。

その結果、たとえ期待どおりでなかったとしても、後悔したことはありません。暗中模索で、一体どうしたらいいのか分からなくなったら、「子どもの自信になるほう」の道がおすすめです。母子ともに明るい場所に出られます。

3 子育てで一番大事なこと↓愛情を分かりやすく伝える

子どもに自信を持ってもらうためには、お母さんの愛情をいつも伝え続けるのが一番大事なことだと実感しています。ですが、それを子どもに伝えるための「愛情の表現力」を十分持っているかどうかは、親自身の凸凹や経験によって、大きな個人差があると思います。私も、引っ込み思案で、愛情表現力の奥ゆかしいお母さんでした。

また、子どもに分かりやすい愛情表現ができるかどうかは、その時々の心や体調のコンディションも大きく関係しています。そして、愛情を受け取る側の子どもにも、敏感に愛情を感じ取ることができる子もいれば、なかなか気づかない子もいます。

「愛情表現の不器用なママ」と「愛情の受け取りの不器用な子」の組み合わせだと、もともと持っている愛情がたとえ100%であったとしても、親が50%しか表現でき

ず、子が50%しか受け取れないとすれば、結果は4分の1の25%しか伝わりません。

さらにうちは兄弟妹で三等分になって、8〜9%くらいしか長男には私の愛情は伝わっていなかったのです。でも、大丈夫です。「愛情の表現力」は後からいくらでも、学んで身につけることができます！

持って生まれた体質の凸凹は決して「親の育児のせい」などではありません。しかし、子どもがこの世界を信じられるかどうかは、お母さんの「たった一言」がしっかり伝わっているかどうか、にかかっていると、私は思います。

もしも、まだお子さんにお母さんの「大好き！」があんまり伝わっていなかったとしたら、一日でも一秒でも早く、その子に分かるように伝えてあげると、元々の発達の凸凹のある・なしやその強さにかかわらず、そこからお子さんの本当の成長が始まります（そしてそれは、私ぐらいの年齢になったお子さんでも、同じだと思います）。

私もあの手この手で愛情を伝え続けて、ようやくうちの子たちも「その子なりに」のびのびと成長を始めました。そんな方法を108個紹介していきます。

うちの子に「勇気を出して、初めての告白」。そこが、長男と私のスタート地点でした。

4 暴れて手がつけられない！
スキンシップをキモチ多めにとる

子どもへの愛の告白の第一歩――「愛情を分かりやすく伝える」方法――の中でも、うちで特に効果が高かったのがスキンシップです。

通りすがりに頭を撫でる。肩に手を置いて話しかける。ひざの上で宿題をやる。ゴロ寝しながら子どものソファになる。ツッコミどころで指でツンツンつつく。宿題前のくすぐり遊び。足の甲に子どもの足を乗せて歩いて、洗面所まで連れて行く。朝、こちょこちょして起こす。ほっぺやお腹をぷにぷにする。手をつなぐ。ほおずりする。手を添えて動きを教える。好きなように触らせる。

何気ない抱っこやハグ、おんぶ。毎日の生活の中のほんのちょっとのふれ合いで、うちの子たちは喜び、安心し、落ち着きます。

そうしているうちに、何かある度に大騒ぎしていた長男が、今では、家では「暴れて手がつけられない」というような、ひどいかんしゃくはほとんど起こさなくなりました。まだまだトラブルはありますが、気持ちの切り替えや立ち直りも早くなってきています。

次男は積極性がでてきて活発になってきたし、長女からは幼いながらも愛情が溢れているような印象を受け、私のほうが落ち着けてもらっているような気さえします(子どもによって触られるのがイヤな場所もあるので、無理のないところから始め、徐々に苦手なところも大丈夫になっていきました)。

それまでより、ほんの少しだけ意識してスキンシップを「お試し増量」してみたんです。生活の中で子どもにタッチする回数をそれまでの「3%増し→5%増し→8%増し→……」というように、無理のない範囲でじわじわといつの間にか上げていくと、だんだんと身体が慣れてきて、それが自然なことになっていきました。

そして、うちの子達を毎日たくさん触っていたら、手先がいつもポカポカとしてきて、冷え性が改善され、私のメンタル面の安定にも役に立っているように思えます。

うちの子達、だんだんと表情から変わってきましたよ。

5 全然人の話を聞かない！
話を否定せずに聴き、共感する

お母さんが「大好き」と言ったとしても、子どもが話を聴いていなければ気づいてくれません。人の話を聴かない長男は、もともとの好奇心の強さや不注意性、興味の偏りなどに加え、「分かってもらえていない」という不安や不満があって、分かってもらえるまで、一方的にしゃべり続けていたように感じます。

「この人は自分を否定しない」「受け入れられている」という安心感があって、初めて相手の提案を受け入れるスペースができました。話を聴かない子だけでなく、どんな子にも同じことが言えるようです。

そういった場合は、できる範囲でスキンシップを増やしながら、同時に、**「相手の話を否定せずに聴いてあげ、共感してあげる」**ところから、私は子どもとの信頼関係をもう一度作り直していきました。

相手の話を否定せずに共感して聴くことを「傾聴」といいます。プロのカウンセラーさんが身につけている技術で、私自身もカウンセリングを受ける中で安心感を実感し、早速子どもにも同様に「傾聴」をするよう、できるだけ心がけてみました。

そうすると、以前はこちらの話が右の耳から左の耳に抜けていっていた長男が、少しは聴く耳を持ってくれるようになり、一方的にしゃべり倒していたのが、会話のキャッチボールができるようになりました。また、おとなしくて、言葉が出てくるまでに時間がかかっていた次男も、しっかりと言葉を待ってあげることで、だんだんと淀みなく、会話が続くようになりました。

私にもできた「傾聴」のコツをまとめると、次のようになります。

・相槌をうつ

話を聴きながら、「ふーん」「うんうん」「そうなんだ～」「そっか、そっか～」「へえ～」「それでそれで？」など相槌をうちます。同時に、ときどき子どもの目を見てうなずいたり、笑顔で温かい目線を送ったり、興味深そうに身を乗り出すことで話しやすい雰囲気になります。

・気持ちに共感する

子どもが腹を立てていることは「それは腹立つよね」「怒りたくなるの、分かるなあ」、嬉しいことは「良かったね〜!」「お母さんもうれしいなあ」と、できるだけ一緒に怒り、泣き、笑って、共感してあげることで「味方」になってあげます。

・ネガティブな感情も否定しない

「◯◯ってヤツ、大嫌い!」や「学校なんて爆発すればいいのに!」というような、それはいかがなものかと思うことも、とりあえず「そっか〜、それぐらいイヤなんだね〜」と、気持ちは肯定してあげます。イヤなことも素直に言えるのが大事です。

・肯定的なふれ合いをしながら聴く

話を聴きながら、背中をさする。手をつなぐ。頭をよしよしする。軽くリズムをとって、背中などをとんとんしてなだめる。抱っこしながら聴く。隣に座って聴く。

など、言葉だけでなく態度でも寄り添います。

・オウム返し

「（ゲームのモンスターの）○○と△△を合成すると、××に進化するんだよ」など、母にはチンプンカンプンな話も「そっか、○○と△△を合成すると、××に進化するんだね～」と、くり返してあげると、子どもも伝わったことで安心します。

・話を最後まで聴く。途中で助言しない

話の途中で口を挟まず、途中で一言言いたいことも我慢します。どうしても、こちらが言わなきゃ気が済まないことは、一通り話を聞き終わった後で「そうか、分かったよ。でも、お母さんはこう思うな」「お母さんだったら、こうする」という形で伝えます。

「できる範囲で」いいので、お母さんが聴き上手になってあげると、心を開きやすくなり、相手の言うことも受け入れやすくなっていきます。

6 失敗ばかりでトラブル続き↓当たり前のようなことでもほめる

得意なことと、苦手なことの差が激しい子に対して、親が得意なことのほうを基準にしていると、「なんでこんなことができないの!?」と思ってしまいます。

私も長男を「できたらほめよう!」と思っても、なかなかほめチャンスがやってきませんでした。でも、体質的な凹の部分は、本人の努力では難しいことなので、子どもはつらい思いをします。

私は、こちらの「ほめライン」を、凹の部分に合わせ、できるだけ下げて、当たり前のような、子どものできているところ、頑張れているところを見るようにクセづけしました。また、私が「子どもは〇〇すべき」というそれまでの育児の正論や常識にとらわれたままだと、「傾聴」し「ほめライン」を下げても、子どもの良くない行動

1 接し方の基本編
2 伝わる方法の基本編
3 家の中の工夫編
4 おでかけの工夫編
5 学校・園生活の工夫編
6 学習サポート編
7 頑張り過ぎ編

が変わらず目について、どうしても叱りたくなってしまいます。いけないことをしたら教える、というのは大事ですが、些細なことまで、毎日毎日注意され続けると、自信と意欲を失い、余計に不注意性が高くなってしまいます。私は「うちの子なりでいい」と気づいてから、こちらのものの見方が変わっていきました。

ケガや命に関わること、人としてやってはいけないこと（例：飛び出しや火遊び、相手の人格や存在を否定する暴言や暴力）、周りの大きな迷惑になること（例：病院や公共の場で大騒ぎする）以外は「大目に見ていい」と思っています。そして、一見できて当たり前のようなことに、「ありがとう」「がんばったね」と伝えます。

例えば、うちでの場合は……、

・当たり前をほめ・認める

登校した、宿題をやった、といった一見当たり前のようなことを「がんばったね」と、しっかりと言葉にして、ほめ・認めます。全員参加の行事・イベントなどは、その場にいただけ、端っこで騒がずに座り込んでいただけでも、「よくがんばったね」とほめます。全体の進行に大きな迷惑になっていなければ、充分努力しています。

・過程や取り組んだ気持ちをみる

「賞がとれた」というような結果ではなく、「いっぱい練習したね」など、努力の過程をみたり、途中で投げ出したりしたことも、「挑戦できた」「取りかかれた」「少しでもやってみた」という、がんばった気持ちをほめます。

・できている部分をみる

テストで90点だったら、できなかった10点を見ません。もしも10点だったら、できたところや丁寧に書けた部分、途中まで解答を埋めた、とりあえずテストを受けた、など「ここはできてるね」とほめ・認め、気づかせます。10点のテストも、できているところをしっかりみて自信がついてくれれば、だんだん点数も増えていきます。

・子どもをよくみている、関心があることを伝える

日頃から、子どもをよく観察して「○○が好きなんだね」「最近、××君の話をよくするよね」など、興味関心のあることや、「今、△△をやっているんだね」など、取り組んでいることをさり気なく言います。「髪が伸びたね」や、おんぶした時に「わ！　重くなった！」など、成長や変化にいつも関心があることを伝えます。

・少しでも妥協できたら感謝を伝える

食事などの時に、ゲームなど夢中になっていることから、渋々でも一旦手を止めてくれたら「ありがとう、助かるよ」と伝え、一旦席に座れた、立ち歩いても戻ってきたなど、少しでも妥協できたら、「座ってくれて、ありがとう」と感謝を伝えます。

・良くない行動もやめられた時にほめる

兄弟ゲンカで弟を叩いている最中であれば、「やめて！」と強くいいますが、それでやめてくれたら「やめられたね」と認めます（弟は別にケアします）。たとえ良くない行動をしても、やめられた時に、「やめられたね」と、そこをしっかり見ます。

こうすることで良くない行動も早めにやめてくれたり、少なくなったりしていきます。そして正論から解放されると、親自身も本当に楽に生きられるようになります。

7

あれもこれもできない！
課題はひとつひとつ取り組む

大人には一見簡単な動作も、子どもには複雑な動きの連続で、うまくいかない・取り組めないことがあります。また、こちらが多くを一度に求めていると、ほめチャンスがなかなかやってきません。

例えば、漢字書き取りの宿題を「姿勢よく・丁寧な字で・夕飯までに・全部終わらせるべき」と考え、「全部できたらほめよう」と思っていると、書字障害のある長男をほめられません。「(時間はかかっても) 丁寧に書けたね」「(雑だけれど) 全部終われたね」と認めます。

周りのお子さんを見ると、「あれもこれも皆できている」と焦りそうになりますが、ひとつひとつ、一歩一歩でいいんです。子どもが今頑張れている課題があれば、

それ以外のことは思い切って大目に見ています。例えば、

・新学年の時はまず学級に慣れることが優先。それ以外のことは目をつぶる。
・友達とのこと（トラブルやケンカなど）で頭がいっぱいの時に、学習や生活面のことをうるさく言わない。
・苦手な運動会のシーズンが終わって落ち着いてから、学習の遅れているところをフォローする。
・できた瞬間に「次は○○もできるといいね」とさらに次の課題を言わない。

などを意識しています。

「凸凹さん」の頭の中はいつも大忙しなので、**課題を絞って、なるべくひとつひとつ「できた！」を実感してから、次のステップに登れるように、こちらもハードルを下げてあげる**と、ちょっぴり不器用な子にも、だんだんと自信をつけてあげることができます。できているところ、頑張れているところにフォーカスし、ひとつひとつほめて、認めます。

8 できない、取り組めない↓ 小さな「できた！」を増やす

それでも「凸凹さん」は、なかなか成功体験を積めずに、ほめられるチャンスが少なくなりがちです。**そのため、「できた！」を増やして、成功体験を積んで自信をつけてあげることは本当に大事です。**そんなときには、課題の過程や量、動きや作業工程を細かく分けて、達成しやすいようにスモールステップにしてあげると「できた！」を増やせます。例えば、縄跳びの練習は、「その場で跳ぶ」「縄を回す」練習を別々にします。そして「縄を回しながらまたぐ」「一回だけ跳ぶ」……と、細かく課題を分けることで、複雑な動きもできるようになります（今長男は、フラフープでなら、連続で上手に跳べるようになりました）。自転車、逆上がり、リコーダー。なんでも小さなステップから、ひとつひとつやっていき、その都度ほめてゆきます。

9 指示・命令・禁止を聞かない！

「声かけ変換」で伝わる！

怒らなくても、子どもに分かりやすく受け入れやすい形で伝わる、一番簡単で手軽な方法は、私は毎日の「声かけ」を効率のよい言い方に変換することだと思っています。「声かけ変換表」は、発達障害の特性を学んで試行錯誤するうちに、「うちの子ノウハウ」として定着した声かけを、一目で分かる表にまとめたものです（声かけ変換表の一覧は14～15ページに掲載し、ダウンロードできます）。

【「声かけ変換」の基本】

・指示は具体的に、肯定語でやっていいことを教える
・命令は丁寧にお願いしたり、合理的に説明したりする

・禁止は「私」を主語にして、気持ちを伝える
・相手の特性・興味関心に合わせる

これをほんのちょっとだけ意識して、ひと呼吸して、効率のよい言い方に変換するだけで、「人の話を聞きなさい！」と言われがちな子も、結構話を聞いてくれます。うちでの具体的な例を解説していきます。

（例）走るな！ ↓ 歩こうね
情報は肯定形で伝えます。脳は、否定形の言葉は入りにくく、「××するな！」より「◯◯してね」という肯定的な形のほうが受け取りやすいようです。

（例）早く支度しなさいッ！ ↓ 5分で終われば、あと10分遊べるよ
情報が自分にとって「オトク」なものでないと、長男は左の耳から右の耳に抜けていくので、少しでもメリットがあれば「◯◯すれば、××できる」と肯定的なイメージを伝えます。

（例）人の迷惑になるからやめなさいッ！　↓　音が大きいと頭痛くなる人もいるから、病院ではゲームの音をＯＦＦにしてね

「迷惑になる」などは漠然としてイメージしにくいですが、納得できる合理的な理由を分かりやすく伝えると、理解してくれます。

（例）うるさい！　↓　声を「これくらい」にしてくれる？
（実際に声を小さくして手本を見せる）
もう！　早く帰るよッ！　↓　あと3回だけ待ってるね（指で数を見せる）

「ちょっと」や「だいたい」などのあいまいな表現も分かりにくいので、「あと3回」などの数字や、「ここからここまで」と範囲が見えるように、具体的に伝えます。また同時に道具や指でも視覚的に伝えると、より分かりやすくなります。

（例）雨なんか降らないよ～大丈夫、大丈夫♪
↓　雨は○％の確率だけど、その時は置きガサ使えばいいからね

予測のつかないことが苦手な場合には、あらかじめ可能性を伝え、失敗を恐れる場合には対処法を伝えることで安心できます。

（例）（こぼしたら）拾って！→ニンジン逃げた！ 捕まえてくれる？
早くお風呂出なさいッ！→夕飯はから揚げだよ

うっかりさんや興味の偏りがある場合、好きなことにたとえたり、クイズにしたり、ユーモアを交えれば、しっかり聞き取れます。子どもが興味のあることなら、受け入れやすくなります。

（例）〇太郎―！ 〇太郎―！→（そばまで行って軽く肩を叩く、視界に入るようにする、などで気づかせる）

過集中しやすい子は夢中になっている時には、遠くから大声で呼んでも気づきません。近くまで歩み寄ります。

（例）（イヤなど）そんなこと言ったらダメっ！→そうか～、イヤなんだね～

危ないからダメ！　→　お母さん、ケガが心配だなあ

どんな場合も、子ども本人の感情と感覚だけは否定せずに、なるべく共感し味方になってあげます。その上で「いくらなんでもそれはいかがなものか」と思うことには「お母さんはこう思う」というー（私）メッセージで伝えています。

（例）だからで言ったでしょッ!!　→　どうすれば良かったんだっけ（問いかけ）
何度言ったらわかるの!?　→　どうしたらいいと思う？（具体案を促す）

臨機応変に状況を判断することが苦手な子には、記憶の手がかりを与えたり、子どもの都合や考えを聞くことにより、自分で適切な行動を判断できるように導きます。

できないこと、失敗したことは責めずに一緒に後始末をします。私は子どもができないこと、苦手なことが多いほど、できること、得意なことも多いと思っています。

そして、少しでもできたことや、取り組んだ気持ち、本人自身との比較での進歩に目を向けて、「できたね！」と認めたり、「ありがとう」「助かるよ」と感謝の気持ちを伝えたりすると、その場に合った適切な行動を取れることが増えていきます。

もう一つ、大事なことがあります。「声かけ変換表」をご覧になった方の中から「自分はbeforeの声かけばかりしていた。反省しなきゃ」と言うお声を頂くこともあります。でも、beforeの声かけは決して「ダメなお母さんの例」ではなく、「必死で頑張っているお母さんの例」です。afterの声かけは「いいお母さんの例」ではありません。「効率よく、ちょっと楽をして頑張っているお母さんの例」です。

子どもに効率の良い言葉に変換できてもできなくても、お母さんが頑張っていることには変わりありません。まずは、自分自身へのハードルを下げることが大事です。そうすることで、子どものいいところにも目を向けやすくなるので、「変換上手」になっていきます。そして、指示・命令・禁止の苦手な「凸凹さん」にとって、分かりやすく受け入れやすい伝え方は、どんな子どもや大人にも、分かりやすく受け入れやすいのだと思います。

また「声かけ変換表」は、あくまでも「うちの」一例にすぎません。お子さんに響く方法を一番ご存じのはずのお母さんが、お子さんと各ご家庭の都合に合わせて、試行錯誤でオリジナルの「変換表」を作っていくものだと思っています。

10

我が子のサポート方法が分からない！

「安心させる」がサポートの基本

「凸凹さん」は、身体の感覚がとても敏感なことが多いようです。視覚・聴覚・触覚・味覚・嗅覚、さらに、自分の身体の幅や動きを把握するボディ・イメージや身体の傾きを調整するバランス感覚、といった「感覚」のどこか、あるいはいくつかに、情報の受け取りの良い部分と鈍感な部分のアンバランスさがあります。

そうすると基本的な日常生活の負担が大きく、生まれたときから不安でいっぱいなんだと思います。例えば、花粉症の人にとっての春先、お母さんにとっての妊娠期間のような状態がずっと続いているようなもの、と想像してみて下さい。

私は、日々子どもをよく観察することで、その子の「感覚」の鋭い部分に気づいていきました。そして、うちの子のやらかすことを「短気」「悪い子」などの性格や人格として判断せずに、「何が苦手なのかな」「何で困っているのかな」と、苦手な作業や行動で見るようになりました。

そうすると、子どもが「何を不安に思っているか」に気づくので、そこを、その子に合った方法で「大丈夫だよ」と伝えて安心させてあげればいいんです。

例えば、長男が空気を読めずに困っている時には、見えるように絵と文で書いて教えます。次男が音の多さに疲れている時には静かな場所で一人の時間を作ります。長女がそわそわと落ち着かない時には好きなように触らせて抱っこしてあげます。

そうやって毎日少しずつでも「この世界は安心していいところなんだよ」って教えてあげることが、その子なりに、人や世界に心を開いていけるサポートになるのだと思っています。

そして、どんなタイプの子であっても、お母さんの愛情が、分かりやすく伝わっていれば安心します。子どもは安心できれば、少し落ち着いて取り組めます。それで少しでもできるようになれば、「自信」につながります。「自信」がつけば、自分で一歩ずつ進んでいけます。そうしているうちに、その子の世界がだんだんと広がっていきます。

11

環境づくり　その1

情報に「蛇口」と「ガード」をつける

子ども本人が安心して生活できるように、家の中の環境を整えてあげることがまず必要です。情報の量をできる範囲で、意識的に調節することで、子どもは少し落ち着くことができます。

「情報」というのは、テレビやインターネットから流れてくる、ニュースや話題だけでなく、感覚の敏感な子が受け取り過ぎてしまう、日常生活に溢れている、音・光・色・気温・気圧・味・ニオイ・皮膚刺激・振動・ゆれや傾き、といった、感覚を刺激するものの全てが「情報」です。

例えば、私はパソコンでグラフィックソフトを時々使うのですが、メモリが足りなくて処理が追いつかず、フリーズする時にはまず、今同時に開いている他のメールソフトやWEBブラウザを終了してみます。これと同じことで、日常生活で勝手に流れ込んでくる環境からの情報を、「設定」などで調節すれば、大量の情報に処理が追いつかない子の負担を減らして、少し動きやすくしてあげることができます。

私は、子どもが好きなテレビやゲームまで取り上げる必要はないと考えていますが、「見ていない時はOFFにする」といった、本当に基本的なことを意識して、家の中だけでも、情報の総量をできる範囲で減らします。無選別に、知らず知らず大量に流れ込んでくる情報に、それぞれ「蛇口」をつけて、コントロールできるようにするイメージです。

ただし、なんでも省エネ設定すればいい、ということではなく、ライトやBGMなど、本人がつけっぱなし、かけっぱなしのほうが落ち着く、安心するという場合もあるので、快適さを確認しながら調節していきます。

また、「凸凹さん」の特徴には、感覚の過敏さの他に、身体の使い方の不器用さ、ボディ・イメージの弱さ、バランス感覚の弱さ、視野の狭さなどがある可能性があり、これらが原因となって、不注意やうっかりミス、突発的な行動が目立つようです。そこで、赤ちゃん時代に使う安全グッズなどを未だに使用して、安全確保しています。

【家の中の情報量の調節と安全確保のうちの工夫の例】

・テレビ、ゲームは、見ていない・使っていない時はＯＦＦ、音量を下げる
・テレビ、ゲームの輝度・コントラストを設定して、眩しくないように調整する
・ゲーム機やＰＣのディスプレイ画面に、ブルーライトカットのフィルムを貼る
・カーテンを活用して、部屋の光量を本人の好みに合わせてその都度調整する
・調光・調色機能つきのライトにしたり、電源に調光器をつけたりする
・近隣の音が気になる時は、二重マドや遮音カーテンなどで対策する
・床の音が響く時は、防音マットや厚めの絨毯《じゅうたん》などを敷く
・ガタガタした家具などは、コインや耐震ゴム、突っ張り棒などで調整する
・本人の苦手なニオイや、刺激の強いニオイの元は密閉する
・空気清浄機を活用する
・寝具やイスのクッションの固さ・素材を見直す
・机のカドにコーナーガード、ドアの隙き間に指はさみ防止のガード
・ガラスのグラスが入った食器棚の取っ手にはベルト

・パパの薬など、触らせたくないものは高い位置にウォールポケット等で吊るす
・チャイルドロック付きの家電や、温度センサー付きコンロなどの活用
・ガラスには飛散防止フィルムを貼る
・階段のフチに蛍光テープを貼る（ーページ①）
・園芸用ハサミなどの刃物を入れた物置には施錠する

このような、本当に基本的なことから見直してみます。

手軽にできる工夫からやってみて、全てを頑張らなくてもいいんです。子どもを「無菌培養」「温室育ち」にする必要はないと思いますし、家族の楽しみや快適さまで制限しなくてもいいので、本人の感覚の豊かさにできる範囲で共感し、ちょっとした配慮をしてあげることで、知らず知らず負担になっていた情報の量が全体的に減ります。

情報は意識すれば、ある程度コントロールが可能です。また、安全グッズの活用で、子どもが少々元気良くても、家族も（少しは）安心して過ごせます。そうするとお互いに、快適に行動しやすくなります。

12

環境づくり　その2

「おうち標識」で家の中の交通整理

バリアフリーや、ユニバーサル・デザインといったものは、障害のある方やお年を召した方、外国の方でも使いやすく分かりやすいように設計されたものですが、そうでない人にも安全で分かりやすいことが多いです。家の中も同様に、「凸凹さん目線」を基準にバリアフリー化、ユニバーサル・デザイン化を進めます。

とくに「見えるようにすれば分かりやすい」長男への配慮は、弟妹やお友達にも分かりやすいものです。**そのため、「おうち標識」**（ーページ②／ダウンロード可）**という手作りの標識を作りました。**

長男が小さな頃、『さがしてみよう！　マークのえほん』（ぼここうぼう・著／学研）というマークや標識を集めた図鑑が大好きで、ボロボロになるほど持ち歩き、宝

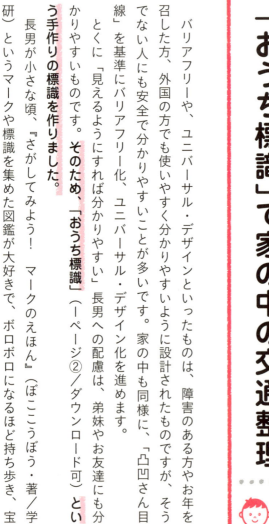

物にしていました。また、私の威圧的な注意・命令・禁止は聞きませんでしたが、マークや標識があれば注意を向けてくれたので、家の中にも標識を設置することにしました。

私がiPadに指書きでデザインを描いたものをプリントして、トイレやゴミ箱、非常口などに貼ったり、触らないで欲しいところには注意や確認のマークにメッセージを添えて貼りました。本人はとても喜んでくれ、分かりやすくなったようです。

今では自分で家族には触って欲しくないものに、「注意!」マークを描いて貼り付けています。お友達がうちに初めて遊びにきたときも、「トイレどこですか?」と聞かなくても分かるので、気兼ねなく使ってくれ、興味津々でマークを見ています。

また、画像をスマホなどに保存して、「しーっ!」「手をつないでね」などのマークを、外出先で見せることもできます。こうすると、意外と素直に聞いてくれることもありました。100円ショップなどでも、市販の標識ステッカーが売られています。

これらの一番の良さは、家の中がとても楽しい感じになるということです。また、私が小言を言う回数も減るので、家庭の雰囲気も明るくなります。「凸凹さん目線」に合わせた配慮と、ほんの少しの遊び心で、親も子も暮らしやすくなります。

13

環境づくり　その3

「使い方カード」で自分でできる

私は「道具は友だち」だと思っています。苦手な作業を補ってくれる、大切なパートナーです。うちでは子どもがよく使う家電の近くに「使い方カード」を作って吊るしています。うちの家電に合わせた簡単な操作法が書いてあります（2ページ③）。電話で言えば、よく使う番号へのかけかたと簡単な会話例。あと、次男には慣れるまで会話のメモも渡しました。今では長男次男は自分で電話できるようになり、友だちと遊ぶ約束も自分で自由にできるようになりました。また、テレビやエアコンのリモコンなどは、重要なボタンにマジックで書き込むか目印を付けたりするといいと思います。イラストが難しければ、家電の取扱説明書や生活図鑑などの分かりやすい図を、切り抜きコピーで貼って活用しています。

14 環境づくり その4

タイマー・アラームを活用する

変化や予測のつかないことが苦手な「凸凹さん」は多いと思いますが、生活をできるだけ規則正しくパターン化することで、気持ちも安定しやすくなります。

親の段階的な声かけも大事ですが、うちではタイマーやアラームも活用しています。気持ちの切り替えの苦手な長男や、ゆっくりマイペースの次男が、なかなか今やっていることを終えられない時、「あと何分で終われそう？」など、都合を聞いてタイマーをセットすると、頑張れることがあります。特に、時間という「目に見えないもの」が、見えるように視覚化されたものがおすすめです。

「タイムタイマー」（＊1）（輸入販売元・アクセスインターナショナル）など、残り時間がゲージとして表示されるタイマーが市販されていますし、スマホやタブレットのタイマーアプリでも、同様のものが手に入ります。砂時計やオイル時計なども、とても楽しい視覚的なタイマーです。

ただし、こちらの都合によってタイマーで焦らせてしまうと、かえって捗《はかど》らないこともあるので、本人の様子をみて、都合やタイミングを聞きながら、自分でセットできたほうが受け入れやすく、取り組みやすくなると思います。

それから、うちでは生活の要所で自動的に目安のアラームが鳴るように、セットしています。うちは朝、子ども達は自然と起きてくるので目覚ましは使っていませんが、登校の出発時刻を電話器付属のアラーム機能で、毎朝設定しています。

ただ、これだけだと、登校前にマンガやゲームに夢中で、急にアラームが鳴って「強制終了して、すぐ出発」は難しいので、「あと3分で（アラームが）鳴るからね」「そろそろセーブしようか？」など、段階的な声かけの併用が必要です。

実は私も気持ちの切り替えが苦手。PCの作業に夢中になっていると、末っ娘の幼稚園のお迎え時刻をうっかり忘れてしまうこともあるので、PC・スマホのリマインダー機能などを活用しています。タイマーとアラームを活用すれば、うっかりさんもゆっくりさんも自己管理ができます。


（＊1）幼児や発達障害などで時間感覚に弱い人に向けて開発された、時計の針の残り時間の部分が赤く表示され、時間の経過と共に赤い部分が減っていくことで時間感覚を視覚的に把握できるタイマー。

15 兄弟妹に愛情が行き渡らない ↓ フタマタ、ミツマタ上手になる!

兄弟姉妹のいる家庭で、悩ましいのは「お母さんの愛情を必要としているのは一人ではない」ということです。今でも私は「コピーロボットが3体、いや、4体欲しい!」とよく思います。

長男のことにかかりきりだった時は、次男にも末っ娘にもさびしい想いをさせてしまっていたかもしれません。兄弟ゲンカも絶えず、私が上の子を注意し過ぎると、お互いに関わらないで離れて遊ぶようになりました。

「これではいけない! 弟にも妹にもしっかりと愛情を伝えなくては!」と思ったものの、お兄ちゃんに見つかるとヤキモチを妬《や》かれてしまいます。

そこで、フタマタ、ミツマタ作戦です。

次男が長男に泣かされると、必ずキッチンの私のところに「うえ〜ん」とやってくるので、こっそりとかがんで隠れて抱っこしながら、次男の言い分を一通り聞きます。泣き止んだら、言葉で「そっかそっか。かあちゃんは○次郎くんのこと、大好きだよ」と伝えると、照れくさそうに笑って、また兄のところに戻っていって、再び一緒に遊び始めるようになりました。

末っ娘は、とにかくゆっくり関わる時間がないので、「ヒミツの暗号」を決めました。手をつないだ時に、きゅ！　きゅ！　きゅーっ！　と手を握って、「これは『○子ちゃん、大好き』ってことだよ」と教えました。そうすると、ほんのちょっとの隙にも「大好き」を伝えることができます。

末っ娘は身体に触れる情報の受け取りがいいので、効果は絶大。今でも登園の時にやっています。でも実はこの暗号、三人全員に教えてあげているんですよね（子どもたちにはヒミツですが）。

その子に合った愛情の伝え方で、お母さんがフタマタ、ミツマタ上手になり、今では兄弟妹、とっても仲良しです。もちろん、ケンカもしますけどね。

2章

伝わる方法の基本編

16

言っても言っても分からない

「視覚支援」「見える化」で分かる！

幼い頃、長男への「しつけ」や「ルール」の理解は、口をすっぱくして言っても、右の耳から左の耳へ抜けていくので、なかなかうまくいきませんでした。

でも、そんな長男は、道路の交通標識や、マーク、サイン・シンボル、数字、記号などが大好きでした。そして、私が大声で「危ない！」と叫んでも止まらないのですが、道路の赤い三角の標識の下では、ピタリと一時停止できたのです。

子どもには、大まかに、長男のように目からの情報が入りやすい子（視覚優位タイプ）と、次男のように耳からの情報が入りやすい子（聴覚優位タイプ）がいます。

「話を聞かない」と思われがちな視覚優位タイプの子は、「見えるように」するだけで、注意を向けることができるし、指示なども受け入れやすくなります。１００回言っても聞かないことも、１回絵を描くだけで伝わることもあります。

「うまく伝わらないな」と思ったら、簡単な絵を描いて子どもに見せてみています。マルに棒の人間で充分です（かえって複雑な情報がないほうが分かりやすいです）。そこに「すわる」という短い言葉や、「いただきます」というセリフを吹き出しに書いたものを見せれば、「もう！　ご飯のときは座って食べなさいって言ってるでしょ！　いただきますは!?」を毎回言わなくても分かってくれるかもしれません。

また、絵だけでなく、図や表、写真、メモなど、長男には視覚的な情報にすると、とても伝わり易いのです。さらに次男も、聴覚情報の受け取りが良過ぎて、大事なことがどれかを選べずに困っている場合があるので、重要なポイントにマークをつけたり、手順などを書いて整理したりしてあげると安心するようです。

工夫次第で、いくらでも伝え方はあります。そして、「言っても言っても分からない子」は、「見えるように、丁寧に教えれば分かる子」なんです。まずは私が、それを心から信じてあげることが大事だと思っています。

17

一日中小言を言っている気がする
「紙に書く」で聞く耳が持てる！

「よく言う小言は紙に書く」ことで、毎日何度も同じことを繰り返し注意しなくてすみます。長男曰く、「言葉は消えていっちゃうから、書いて欲しい」そうです（次男や私の場合は「言葉はずっと残る」のですが……）。

だから、トイレには「流した？」の標識が、私のシャンプーボトルには「いたずら禁止！」の書込みがしてあります。目を引くマークやアイコンをつければ、さらに気がつきやすくなります。いつも言っている小言を張り紙で代用すれば、かなりのエネルギーと時間の節約になります。

また「お説教は手紙にする」ことで、もう少し長めのお話も上の空で消えていかずに、心に留めてくれるようになりました。

ただし、それまではすぐに消えていくから平気だった言葉に傷つく、ということも起こります。漢字書き取りやテストの訂正などに抵抗感が強い長男は、「ダメ出しの見える化」にとてもダメージを受けやすいんです。なので、文章を書いて子どもに何かを伝える場合、配慮とコツが必要です。基本は「声かけ変換」と似ています。

【子どもに伝わる文章術のコツ】

・「○○すれば、□□できる」という形の、肯定的な表現で具体的に書く
・合理的で納得のいく説明や、メリット・デメリットを明確にする
・穏やかで優しく、身近な分かりやすい言葉を使う
・イラストや図、ユーモアのある表現を入れる
・抽象的な表現ではなく、具体的な「行動」や「台詞《せりふ》」で例を示す
・相手の目線から見て、共感的な立場に立つ

いちいち紙に書くのも面倒ですが、それでも、小言とお説教に費やす時間とエネルギーよりは、ずっと省エネできます。

18 頑張っているのにできない↓「ものの工夫」で苦手を補う

「頑張っているのにできない」姿を見ると、親としてはなんとかしてあげたいという気持ちになります。そんなときには、「ものの工夫」をして、その子に合った道具を選んだり、改造して使いやすくすれば、苦手な作業を補って取り組めたり、最後まで集中しやすくなります。

まずは「子どもがどんな作業を苦手としているか」に目を向けます。一見、やる気がないとか、態度が悪いとか、ふざけている、というように見えても、うまくいかずに、ただ、どうしていいか分からないだけの場合も多いのです。子どものやる気や態度に振り回されずに、身体の使い方や脳の情報処理など「できないのは、身体のどこかに苦手な作業があるからかもしれない」と、こちらの見方を変えてみます。

子どもが「何に困っているのか」が分かったら、それに応じた道具を選んだり、改造して使いやすく工夫したりします。発達検査などで原因をはっきりさせることもできますが、うちの長男の場合、ASDとLDとADHDの要素が広く浅く複合しているため、本人の「困り」の原因を特定しづらい「つまずき」が多くあります。

そこで、「試行錯誤方式」で、道具の選択、改造を進めていきます。「困っていること」も子どもによって、あるいはその時の課題によって違います。「鉛筆」だけを見ても、持ち方がうまくいかない、筆圧の調節が難しい、筆箱にしまえない、と、課題も違います。

うちでは、持ち方の練習をしているときは、「くもんのこどもえんぴつ2B」（くもん出版）という太い三角軸のものを使っていました。長男が学校で鉛筆をよくなくして来るときは、普通の鉛筆に通し番号をふったり、色がカラフルなど、揃えたくなるデザインのものにしました。今は「この、あずき色の2Bが一番書きやすい」と言うので、三菱鉛筆の「uni 2B」に、長男カラーのマスキングテープを巻いて目印をつけて愛用しています。少しずつでも、作業の困難さによるストレスを減らしてあげるようにすれば「落ち着いて取り組める」ことが増えていきます。

19 それでもできない、取り組めない↓
「お手本」を見せて一緒にやる！

道具を工夫してみてもうまくいかない場合や、自信のない子、新しい経験に不安の強い子には、**「イメージをつけてあげる」**といいと思います。お手本となる動画や写真、イラストなどを見せたり、「お兄ちゃんはどうやってる？」と、お手本になる子に気づかせる声かけで、動きを理解したり、不安感を減らしたりできます。

中でも、親がお手本を見せて、励まし、勇気づけながら、一緒にやってあげることが、一番効果が高いと思っています。

「目の前で繰り返しやってみせる」というのがとても大事だと思います。

子どもは本当によく親のマネをします。いいところも、悪いところもです。私は最初、朝の登園の時に他のお母さんに挨拶するのが苦手でしたが、少しずつできるようになりました（5～6年かかりましたけどね（笑））。すると、子ども達がみんな「おはようございます」が言えるようになりました。

他にも、一緒にやる時に有効な、「プロンプト」という療育の技法があります。演劇などで、舞台セットの陰から役者に台詞をささやいて教える黒子のことを「プロンプター」と言いますが、これと同じように、適切な言葉がなかなか出てこない子に後ろからささやいて言葉を教えたり、手を添えて動きを補助するのが「プロンプト」です。

言葉が出にくいお子さんだけでなく、うちの子達のように、ある程度話せるけれど、その場に合った会話ができない、やや引っ込み思案、会話力を伸ばしたい、という場合にも有効です。

また、子どもがもたもたしている時、親がさっとやってしまうより、補助してでも「できた！」ことにしてあげると、身体の動かし方のイメージがついてくるので、だんだん手を離していくと、自分でできるようになります。何より、お母さんがそばで支えてくれる安心感が、新しいことへの挑戦の背中を押してくれると思います。

20

日常生活でつまずきが多い
「ポイント手帳」で頑張れる！

ADHDの子のやる気UPに有効なのが「トークン・エコノミー」という方法です。うちでは「ポイント手帳」（2ページ④）を使って、できたこと、がんばったことにポイントをつけ、貯まったらお小遣いと交換します。ポイントは手帳にシールやスタンプで記録しています。うちの実感からすると、特に合理的考えの持ち主や、視覚化してほめられることが嬉しいタイプのお子さんには、合っているのではないかと思います。

子どもが小さな頃は、好きなキャラクターのシールを集め「3枚＝ガチャー回」「5枚＝食玩ミニプラー個」等の物々交換でしたが、最近は次のお小遣い制です。

うちの現在のポイント評価例

●毎日の基本的なお仕事
宿題（3pt）、基本の生活習慣（食事、着替え、ハミガキ、フロなど）（すべてクリアで3pt）

●お手伝い、習い事
片付け1部屋（5pt）、靴洗い（1足3pt）、塾行けた（3pt）

●イヤなことをガマンできた
しんどい時期の登校（+は時価・応相談）、給食の苦手メニューの日（+3pt）

●自分で決めたことが実行できた
決めた時間までに宿題をやる（+2pt）

●友だちや兄弟に譲れた（自己申告制）
ケンカの後謝れた（5pt）、腹が立っても手を出さなかった（5pt）

●ルール・マナーを守れた
乗り物で静かにできた（5pt）、列に並んで長時間待てた（時間により応相談）

●苦手な行事への参加
運動会（10pt）、ゲーム大会（5pt）、防災訓練（5pt）

●その他特別なこと
学期の終わり（10pt）、夏休みの宿題全クリア（10pt）

現在のポイント交換レート

固定相場制・1pt ＝ 10円

（必要に応じて換金・おつりの預け入れ可能。
使用目的に母は口を出さない。月々の金額の上限設定はなし）

うちでは、「100点取れた」などの結果ではなく、基本的な日常生活、努力の過程、意欲など、一見当たり前のようなことを「頑張ったね」と認めています。特に難しいことは、ポイント数の交渉をして「話し合って、妥協点を見つける」ことで、自分の気持ちに折り合いをつけることも練習できます。

「ごほうびで釣り続けて大丈夫なの？」と気にされる方もいるかと思いますが、うちではポイント手帳を使い続けて6～7年目。イヤなことにも取り組めたり、新しいことに挑戦したり、できるようになったことが（その子なりに）ずいぶん増え、本当に欲しいもののために他のものを諦めたり、ポイントでお小遣いが貯まるまでガマンできるようになりました。最初はお小遣い目当てでもいいから何度か挑戦できると、そのこと自体の取り組みハードルが下がるので、報酬が無いときでもだんだんとできるようになってきます。

現在、うちのポイント手帳は、to doリスト・スケジュール管理帳・お小遣い帳の機能も兼ね、子どもの自己管理力を伸ばせるようにしています。

初めて使う時には、一緒に好きな手帳を選びました。「ポイント手帳」は、この後ご紹介する工夫を実践する際の補助としても大事です。

21

同じ失敗を繰り返す↓

「フィードバック」で経験値があがる！

「ほうっておけば、自然と学ぶ」「失敗すれば、気をつけるようになる」というのは、「凸凹さん」には通用しません。ひとつひとつ丁寧に教えていく必要があります。

なぜなら、周りを見ながら動くのが苦手だったり、自分の経験を基に臨機応変に応用して対処することが思いつかなかったりするからです。また、こちらが「忘れ物をしたら、自分が困るのだから分かるだろう」と思っていても、本人はあまり気にせず、実際にはそんなに困っていないことも多いようです。貸してくれた誰かに迷惑がかかっていたとしても、そのこと自体に気がつかないので「申し訳ないことをした、次は気をつけよう」とはならないのです。

こちらから周りの状況を伝え、記憶の手がかりを与え、本人に「気がつかせる」

「思い出させる」、経験したことは「記録する」ことで、フィードバックして経験値を溜め、レベルアップしていくことができます。具体的には、

・「今日は暑かったね。汗をいっぱいかいているね」と、見たままを伝える
・「次はどうすればいいんだっけ？」「前はどうしてた？」と、記憶の手がかりを与える
・「◯◯さんは今どうしてる？」「あれ、見て」と、周りを見るように促す
・「今、△△する時だよ」「××さん、困っているよ」と、状況を伝える
・「□□ができているね！」と、できていることに気づかせる

などの声かけで、「気づく」「思い出す」ことができます。

子どもの様子をそのまま伝えたり、小さな変化に気づいてあげたりすると、「あなたのことに興味がありますよ」「よく見ていますよ」という愛情を伝えるメッセージにもなるので、自信にもつながります。

22

ほめているのに自信がつかない
↓
「できた日記」で自信がつく！

うちの子たちのお気に入りに「できた日記」があります（3ページ⑤）。一人一冊ずつ作り、文字通り本人が「できたこと」だけをピックアップした記録です。いつも話を聞かずに何かと怒られがちな長男は、こちらがほめても聞いていない、すぐに忘れてしまうことが多いので、「できた！」をしっかり自信につなげるにはもう一工夫要るようです。長男の場合、写真等で記録し、視覚的に残してほめてあげると、本当に嬉しいようです。完璧主義で「できないこと」に自分でフォーカスしてしまう子も、「できたこと」だけをピックアップしてあげると、自信につながります。

例えば、自転車練習の過程を「三輪車→補助輪→乗れた時」と、同じページに4コママンガのように写真を並べて貼ると、進歩の過程が分かりやすくなります。

【うちでのカテゴリー分けの例】

成長の記録（誕生日ごとの写真）・文字の進歩の記録（ラクガキや習字などの写真）・運動会など行事に参加した記録（頑張れているところや参加賞の写真）・新しい体験や挑戦の記録（キャンプや実験の写真、入場チケット、パンフレット）・行動範囲の広がりの記録（初めて自転車で行けた場所の地図や写真）・自分でできた買い物のレシートの記録・遊びの記録（ハマったことやコレクションしていたものの写真）・読書記録（絵本や図鑑、マンガなどの写真）・友だちの記録（遊びに来た時の写真や貰った手紙、寄せ書きなど）・工作や造形作品の記録・誕生の時の記録（名前の由来、生まれたときの親の気持ちのメッセージなど）

そして、「いっぱい練習がんばったね」「○才で乗れたね」「××まで、自分で行けたね！」など、ほめメッセージを添えます。いつでも手元で見られるような形にすると、自分のタイミングで何度も見直せ、自分自身の「できた！」経験をいつでもフィードバックでき、お母さんの愛情を見える形で残すことができます。

3章

家の中の工夫編

23

支度が遅い↓

朝の修羅場は「したくカード」で

身支度の手順や服装の完成型を一目でわかるカードにしてあげると、朝から上手に交通整理ができます。全体像を示すと分かりやすい長男には、着替えが終わったときの「完成図」のイラストを、ひとつひとつ丁寧にやっていく次男には、手順リストを一枚にまとめたカードを、作りました。まだ時計が読めない長女には、針の形のイラストも添えました。「今何番までできた?」「時計の針がこの形になったら朝ごはんにしようね」など見せながら声かけします（3ページ⑥⑦）。

また、着替えを一緒に遊びながら楽しく支度する作戦もありです。袖から手を突っ込んでこちょこちょしたり、「ズボンはけたらロケット発射ね!」と言って、はけたらロケット発射をしたり、靴下キャッチボールをしたり。それから最近末っ娘が気に入っているのは、靴下のキャラクターを擬人化して、「今日は私をはいていって！」「ダメよ！　私、私！」と、靴下同士が長女を奪い合う私の寸劇です。長女は「ごめんねえ、今日はうさちゃんね。明日約束ね」と嬉しそうに、勝ち靴下をはいています。また長女は靴の左右をよく間違えるので、靴底にマジックで好きな♡マークを半分ずつ描いてあります。ちょっとした工夫で、「自分でできた！」が増やせます。

服選びについては、うちはほとんどの子ども服は、安いものか親戚やお友達のお姉ちゃんのお下がりを頂いて、遠慮なく豪快に汚していいようにしています。ただ、うちの子たちは皆、触覚が敏感なので、下着だけは日本製の綿１００％の縫製の丁寧なものを選び、シャツのタグは切ります。冬は首がチクチクするタートルネックやセーターは嫌がるので、Uネックなど、首回りのスッキリとしたフリースの長そでシャツに、Vネックのダウンやコットンのベストなど。縫い目が気になる肌着は、裏返しに着るのもアリです。大きめのジーンズには、１００円ショップのベルト型のゴムが、つけっぱなしでも着脱できるので、トイレや着替えの時にも楽なようです。

気持ちの切り替えの苦手な長男は、怒られながら送り出すと、学校でも不機嫌になりがちなので、できるだけ朝は楽しく送りだせるよう工夫をしています。

24

体温調節が苦手↓

朝の「お天気チェック」で心の準備

凸凹さんたちは体温調節の苦手な子が多く、先の見通しを立てづらく、予測のつかない出来事でパニックになってしまうこともあります。だから、お天気との上手なつき合い方を教えてあげるのは、大きくなった時にもとても大事なことだと思います。

うちのトイレには、気圧と温度の変化で、それぞれ水位と浮きが上下する気圧計（＊1）と「ガリレオ温度計」（＊2）をインテリアも兼ねておいてあります（4ページ⑧）。天気の変化が目で見て分かり、気圧が下がってくると気圧計の水位が上がるので「かあちゃん、もうすぐ雨だよ！」と教えてくれます（低気圧だと天候が崩れやすくなります）。スマホのお天気アプリ（＊3）や、テレビのデータ放送なども便利です。

そして、得られた情報から「今日は昼から暑くなりそうだね。上着はやめとく？」

「帰りに雨が降ってくるかもしれないね。置き傘あったかな？」など、天気の変化への心の準備と、傘や上着の確認の声かけをします。

長男が低学年の頃は、天気予報で「最高気温は30度です」と言われても、どれぐらい暑いのか、実感としてピンと来ていなかったので、気温と体感の目安を5段階の表にした「気温スケール」を作って見せていました（4ページ⑨）。

また、気温に合わせて服選びを自分でできるように、着せ替え式の「今日のおススメスタイル」という仕掛けカードも作って、ちょうど良い服装の目安が分かるようにしました（4ページ⑩）。時々、ふざけてワザと変な服装を組み合わせて笑っていましたが、「これはヘン！」と分かるのも、うちの子には進歩だったと思います。

今でも季節の変わり目で寒暖差の激しい時期、台風が近づいている時などは、長男は登校しぶりやケンカなどのトラブルが増え、荒れがちになります。身体にいつも以上に負担がかかるのだと思います。長男曰く「やっと慣れたと思う頃に季節が変わって、その度にフリダシに戻る。一年経ったら、もう忘れているんだ」そうです。

それでも不機嫌の理由が分かっているだけでも、親の気持ちが違ってきます。「暑いのによく頑張ってる。行っただけで100点！」と思えます。

（＊1）商品名「晴雨予報グラス」ノルコーポレーション
（＊2）「ガリレオ温度計」（アーテック）（＊3）「eWeather」

25

好き嫌いが激しい↓
食事は楽しく、好きなものを

感覚の敏感な子は、味覚だけでなく、食感やニオイ、見た目にも敏感なことで偏食家が多くて「好き嫌いせずに、バランスの取れた栄養を」と、あちこちで言われると、親も不安になって「なんでも食べさせなくては！」と思うかもしれません。

でも、うちでは偏食ＯＫです。偏食を推奨するほどではありませんが、容認・黙認で大目に見ています（イチロー選手が「朝はカレーしか食べない」とおっしゃっていたことを励みにしています（笑））。あくまで、私の個人的な考えに基づくものですが、「バランスの取れた食事」は「バランスの取れた体質の子」に向いていて、「偏った食事」は「偏った体質の子」に向いているのではないかと感じています。

うちの子ども達の好む食事をよく観察すると、実は「自分の成長に合ったもの」を

本能的に補っていることが分かります。代替療法としての食事療法などはうちでは負担が大きすぎるのでやっていませんが、最近自閉症治療に良いと言われているブロッコリーなどは、野菜をあまり食べないうちの子たちもなぜか大好きです。

ただ、せっかくの素晴らしい味覚を狂わす怖れのある味の濃過ぎる料理や、化学調味料、食品添加物などは、「できる範囲で」過剰に摂り過ぎないよう、「調味料だけは良いものを使う」など、ほんの少し食材選びを意識するようにしています。

何より、毎日の食事は単に「身体の栄養を摂る」ということだけではありません。「なんでも好き嫌いなく食べなさい」と一日三回食べるそばから言われ続けていたら息苦しくなってしまいます。栄養も子どもの発達も、なんでも「バランス良く、偏りなく」と頑張り過ぎると、親もつらくなってしまいます。少しくらい偏っていたっていいじゃないですか。「食事は楽しく好きなものを」が一番だと思います。ただ、苦手克服ではなく、選択肢を広げる工夫は無理のない範囲でしています。

「食べることは、生きること」と、よく言われます。食べることが好きになれば、生きることも好きになれると思います。そのためにうちでは、食事の時間に「あれもこれも」と思わずに、まず、食べることを苦行にしないことを優先しています。

26

手づかみで食べる・立ち歩く↓

「手づかみ・歩き食べ」は合理的

好奇心が強くよく動くタイプの長男は、食事中他の家族も落ち着いて食べられず、マナーを注意されがちでしたが、最近私は、長男が食事中にどこかに行くことや、時々手づかみで食べても、あまり気にならなくなりました。

「最低限ライン」のことは、私もできたほうが良いとは思っていますが、「食事は楽しく」が基本なので、私のほうが見方を変えてみたのです。

実は、「手づかみ・歩き食べ」は行動的なＡＤＨＤタイプの子にとても合っています。長男の好きな食べ物は、お寿司、おにぎりなど手づかみで何かをしながら、移動しながらさっと食べられる、主食と具が一体になった合理的なものばかりです。人生という限られた時間を有効に使うための「適応」と見ることもできます。

つまり、長男本来のライフスタイルに合っているのは「手づかみ・歩き食べ」で、それを座って食器を使って食べる食事スタイルに「合わせてもらっている」のは、こちらのほうです。それに気づいてからは、うろうろと立ち歩くのを毎回注意するのではなく、少しでも座ってくれれば「ありがとう」と言えるようになりました。

もちろん、はしやスプーンもできるだけ使うように、「マナー」ではなく「合理性」で説明して、「おはしを使うと熱くないよ」「スプーンを使うと一度にたくさんすくえるよ」という声かけで促しています。長男は「おはしを使うとキレイだよ」では、「美しさ」にあまりメリットを感じられず、ピンと来ません。そのうち「キレイに使えば、周りの印象が良くなる」ことに価値を感じられるかもしれませんが、当面は合理的に説明して、多少の不器用さは大目に見ています。また、長男のうろうろがどうしても気になるときは、ドーナツ型のバランスクッションに座ってもらいます。

こちらの見方を変えれば、「マナーが悪い落ち着かない子」から「家族に合わせようと努力してくれている子」へと少し印象が違ってきます。マイクロソフトのビル・ゲイツ氏を始め、行動的な実業家やひとつのことに没頭できる研究者の中には、ハンバーガーなどの合理的な食事スタイルを好む人物が多いことが私の励みです（笑）。

27 食事中にこぼす&汚す
「OKカード」で対処を伝える

私は、食事に限らず、「失敗は自分でフォローすればOK」と考えています。そして、子どもには「失敗した時にどうすればいいか」対処をあらかじめ教えます。こうすると、完璧主義の子や失敗に対する不安感の強い子も、少し安心することができ、挑戦する気持ちが後押しされますし、自分のフォローの仕方も分かります。**そのために、うちでは「OKカード」というカードを作っています。何枚もあるので、リングで閉じて茶の間に置いています**（5ページ⑪）。

イラストでカードの表に失敗の例を描き、裏返すと「こんな失敗をしちゃっても、こうすればOK！」と対処法が分かります。イラストが苦手な場合も、文字だけや口頭で対処を伝えても効果はあると思います。水やお醤油をこぼしたら、タオルやぞうきんで拭けばいい。ふりかけをザザーッとひっくり返したら、もったいないけどほうきとチリトリで掃けばいい。服や顔がおコメやケチャップだらけになったら洗えばいい（なのでうちは、今でも食卓の近くにいつもタオルや、小さなほうきとチリトリが置いてあります）。たとえ失敗しても、対処が分かっていれば、落ち着いて行動できますし、私も、小言が出る前にカードを見せればいいので、怒らずに済みます。

長男が離乳食を始めた頃、食事中にちょっと目を離すと、「おコメ怪人」が出来上がっていました。顔も手も服も、全身ご飯粒だらけ！　でも、天使のように無邪気な笑顔につられて、周りの大人もなんでも笑って許せてしまうのでした。それが成長に伴って、だんだんとこちらのほうが、大目に見ることができなくなってきます。

でも、「失敗」は誰でもします。どんなに頑張っても、どんなに立派な人でもです。だから、何でも「失敗しないように」恐る恐るするよりも、失敗のフォローの仕方をたくさん身につけて、対処できるようにしていくほうが、子どもに生きる力をつけてあげられます。「失敗が多い」ということは、「挑戦したことが多い」ということです。やる気がある子ほど、たくさん失敗するわけですから、失敗の多い子のお母さんは自信をもっていいのだと思います。

28

朝食↓「個食」はOK、「孤食」はNG

うちは家族皆早起きです。親が早起きだと、子ども達も6時前には皆自分で起きてきます。朝食は毎朝「ごはん？　パン？」と本人に希望を聞き、手軽にできる選択肢の中から、自分で好きなもの、体調に合ったものを選んで食べていきます。

兄弟と言ってもコンディションは全く違います。朝からカレーやどんぶりを温めて食べていく長男、軽くパンとスープやお茶漬けで済ませる次男、いろんなものをちょこまかとつまみたがる長女、と、本当に三人三様です。

それを朝から賑やかに、兄弟妹一緒に食べています。それぞれに別のものを用意するのは、ちょっと大変そうな気がするかもしれませんが、レンジなどでの温めや、カップスープにお湯を入れたり、トーストを焼いたり、簡単な料理は教えれば、朝食くらいなら殆《ほとん》ど自分でできてしまいます。できることはできる範囲でやってもらえれば、そんなに負担は感じません。

朝から機嫌良く、体調に合った好きなものを適量食べていけば、登校のハードルも下がりますし、学校でのトラブルも（やや）減らすことができます。

電子レンジは、次のようにカードで書いて子どもたちも使えるようにしました（2ページ③）。

（1）「あたため」の仕方の、基本ボタンとよく食べるものの例での手順。

（2）裏側には入れてはいけないもの（卵やアルミホイルなど）と使用上の注意点を簡潔にまとめました。

その上で、「カードみてやってごらん」と声かけし、しばらく近くで見守りながら、自分で使えるよう練習しました。

「あたため」だけでも、冷凍食品や昨日の残りご飯を食べられるので「自分でできた！」が増えます。電気ケトルなど、他の調理家電を組み合わせると、簡単な朝食な

1 接し方の基本編
2 伝わる方法の基本編
3 家の中の工夫編
4 おでかけの工夫編
5 学校・園生活の工夫編
6 学習サポート編
7 頑張り過ぎ編

ら自分で作れます。今は電子レンジだけで、炊飯や煮込み料理だってできます。自立に向けて「料理」のハードルを下げてあげられます。

ただ、別々のものを食べていても（個食）、食事はできるだけ一緒に過ごして「孤食」にならないようにしています（本人が孤独を感じなければOKなので、同じ部屋の離れた場所で「ながら食べ」も時々なら許容しています）。それは、私の母が自営業でいつも一日中忙しく、毎日私と妹の二人でテレビを見ながら黙々と食事して、せっかくの料理を「味わう」経験が少ないまま育ち、本当に「好き」も「嫌い」もなく、食に対して興味が薄くなってしまったからです。

結婚後に、パパや子ども達とわいわいと会話をしながら、食卓を囲んで食べることで、少しずつ時間をかけて「食事を味わう」ということが分かってきました。

こんな背景があるので、騒々しいうちの朝の風景も、私にとっては「豊かさ」なんですね。家庭の事情によっては、難しいかもしれませんが、時々でも家族が揃って食事をする機会があるだけでも、随分違うと思います。

29 夕食 取り分けと分食で同じメニューに

夕食だけは、偏食の子ども達に合わせて、個別にメニューを作ることもなければ、苦手なものを避けることもしません。なぜかと言うと、うちの子達の誰からも不満が出ないようにしていたら、毎日カレーしかできないからです！（笑）

ただし、おかずは大皿に盛って、自分で小皿に取り分けられるようにして、苦手なものを避けて取るのは大目に見ています。また、個別のみそ汁に苦手な具があれば「やや少なめ」程度によそって渡し、はしで除けていいことにしています。

こうすれば「連帯責任」で、次男が除けたエノキを長女が食べ、長男が除けたプチトマトをパパが食べ、それぞれが補い合って夕食を食べ終われます。たとえ残されて私がムッとしても、責任の所在も分散されます。無理矢理食べずとも、気長に見慣れさせることで、食の幅を広げてあげられます。見た目や匂いに馴染んでいれば、たまたま食べられることもありますし、苦手な物を目の前で食べる人がいても許容できるようになってきます。

ただ、食卓に出るだけで「どうしてもムリ！」と泣きが入るものもあります。長男はフルーツ、次男は納豆が「その場に同席できない程の苦痛」という「障害」にあたるものなので、「分煙」ならぬ「分食」で、できる範囲の配慮はします。

皆が納豆やフルーツを食べている間、本人は食卓から離れた位置のソファや別室に避難して「参加を強制されない自由」があります。家族の一人だけが納豆やフルーツを食べたい場合は、その人が離れます。納豆の好きな長女は、次男に「○次郎、○子は納豆食べたいからここにいるね」と声をかけて、ソファの前にちょこんと座って食べています。

うちで自然とできあがったルールですが、「配慮」というものは、一方がひたすらガマンし、なんでも制限するのではなく、「お互いが」楽しく快適に過ごせるように、少しずつ譲り合って思いやる姿勢なのだと気づかされます。うちの夕食は「できる範囲の配慮」はするけれど、それ以外の人が楽しむ自由も大事にしています。

30 おやつ おやつは体験の宝庫！

おやつはどんな子どもにとっても、一番興味関心の高い食事ではないかと思いますが、特に「好きなことのためなら頑張れる」という凸凹特性のエネルギーを活用して、興味の偏りがちな子にも様々な体験をさせてあげる、絶好のチャンスです。

おやつの体験を通して、「作る」「買う」「数える」「人と分ける」などを、毎日楽しく学ぶことができます。とは言っても、そんなに手間のかかることはしていません。毎日のことなので、あくまで「できる範囲で」です。

「作る」は簡単で、うちの子達が最初から最後まで自分で手軽にできるのが、ポップコーンです。市販のアルミの簡易フライパンで作るものは、ポンポンと弾ける手応えと音が楽しい感覚あそびになります。夏はかき氷も削る感覚が楽しいですね。他にもゆでトウモロコシや焼き芋など、手軽な料理はとても良い療育あそびになります。

「買う」は、うちでは「ポイント手帳」を使ってのお小遣い制です。貯まったお小遣いを握りしめて、近所の商店に買いに行くのも貴重な経験になります。一人で買いに行けるまで、ステップを踏む必要がありましたが、今では長男・次男は予算の中で、上手に買ってくることができます。末っ娘はただ今一緒に練習中。計算がまだできない子も、指を見せて「3コまでね」と伝えれば分かります。

お店の人とのやりとりも、欲しいおやつのために必要に迫られればシャイな次男も頑張れたようで、「これいくらですか?」などから始めて、学校であったことを立ち話したり、兄や友だちと一緒に買いに行ったりと会話や社交の幅が少しずつ広がってきたようです。

「数える」ことも、毎日のおやつで数を実感しながら身につけていけます。数量感覚は、「実際に」目にして、触れて、味わって、五感を使って体験しながら身につけていくものではないかと思います。渡すときも、手のひらや袋から「一人3個ずつね」と探りながら取らせ、数とモノが一致する感覚を育てます。

数のまだ分からない小さな子に数を教えるコツは、その都度指を見せながら、数を

声に出して言うことです。こうしていると、数の理解の下地ができ、ある日突然回路がつながるように、ものの数と数字の音と形が、ピタッと合うときが来ます。

兄弟げんかで泣かされてきた子が泣き止んだら、「皆にはナイショね。1コおまけ」と、キッチンの陰に隠れてこっそり口の中に数えながら入れてあげます。

そして、その応用編の「分ける」。兄弟や友だちと分けることで、SST（ソーシャル・スキル・トレーニング：社会性を身につける訓練）にもなります。必ずしも「同じものを平等に」分けるだけがいいとは限りません。皿の大きさは同じでも、それぞれの好みや量があって、お互いに満足できる妥協点を見いだすまで「あーだ、こーだ」と話し合う、ということもあります。さすがに「ジャイアン方式」になっている時は「皆、それでいいの？」と声をかけますが、納得できていればOKです。

その他、苦手な新学期や運動会の時期を、朝「ごほうび設定」を約束して、好きなコンビニのアイスクリームを買っておいて、帰ったら「がんばったね。○○のアイスあるよ」と声かけして乗り切れたりと、おやつはうちで大活躍です。

好きなことのためなら頑張れますし、単に「食べる」だけではなく、様々な経験を同時に楽しみながら増やしてあげることができます。

31

給食で食べられないものがある

感覚の過敏性を伝える

　実は長男は、うちの水道水がどこの蛇口から出たか分かる「利き水」ができるくらい、味覚が敏感なようです。そのため、フルーツは全般的に長男の味覚にとっては、刺激が強過ぎて一口なめただけでも拒否反応、無理に食べさせればパニックになります。「本人の努力では乗り越えられない壁」があります。

　ところが、学校給食では「食物アレルギー」のある次男は「牛乳抜き」の対応をお願いできますが、長男の「味覚の過敏さ」では、診断書が出ないことがあります（近年「味覚の過敏さ」に対応している学校もあるそうですので、深刻な場合、校長先生に相談してみて下さい）。だから、長男にも皆と同じように給食でフルーツが出ます。次男も、納豆やコンニャクは「触覚の過敏さ」から、鳥肌が立つほど食感が苦手ですが、「食物アレルギー」ではないので、「好き嫌い」の範囲に入ってしまいます。**なので、今のところ、担任の先生に毎年丁寧に説明して、「大目に見てもらう」配慮をお願いしています**（今後、発達障害について理解が進むと、全国的に給食の対応も変わってくる可能性もあります）。

ただ、場合によっては、学校側の考えとして「他の生徒には頑張って食べさせている手前、頑張らせて欲しい」という意味合いの回答を頂く可能性もあります。ただ、本人が給食に苦痛を感じて、「学校に行きたくない」となったり、無理に食べさせてパニックなどの原因になったりしてしまうと、クラス全体の進行にも差し支《つか》えてしまいます。この辺りを、できるだけ客観的かつ具体的に説明して、頭を下げながら理解して頂けるようにお願いしています。

感覚の過敏さは血液検査などでは出ないので、先の「利き水」の例のように、具体的に過敏さの度合いが分かるような事実や、「無理に食べさせたら、教室から飛び出してしまった」などの過去の事例、そして、相手側の事情も理解する姿勢と、「ここまでなら頑張れる」という妥協ラインなどを示すと、分かってもらいやすくなるのではないかと思います。

家でも、給食で苦手なメニューの時は、「今日は行って帰ってくるだけでOK」と声かけして食べられなくても「ポイント」を追加（例：フルーツ、納豆は＋3pt）したり、「おやつに何食べたい？」とおやつリクエストなどの「ごほうび設定」で、できるフォローをしています。

そうやって、長男は今、給食ではフルーツ以外の苦手なものは、なんとか食べることができています。次男は、納豆は無理だけど、コンニャクやうどん、キノコは、一口、二口でも食べることができると、「今日はコンニャク頑張れたよ！」と、得意そうに報告してきます（自己申告制の＋3ptです！）。少しでも食べられた時は、献立表にシールを貼ったりもします。そして、苦手メニューでも登校できたこと、給食の時教室にいたこと、一口でも食べられたことなども「頑張ったね！」と、しっかりほめて認めます。もしも、学校側の理解が得られなくても、お母さんだけでも分かってくれていれば、本人の負担感はずいぶん違うように思います。

給食だけでなく、「感覚の過敏さ」はほかの人にはなかなか想像がしにくく、理解が難しい部分だと思いますが、根気強く具体的に丁寧に伝えてこちらもできる努力はしていれば、相手が「分かってくれる」「大目に見てくれる」ことも増えてきます。

32 食物アレルギーがある↓

食事療法・療育は頑張り過ぎない

次男には「食物アレルギー」がある、と前項でお話ししましたが、今は生乳のみの除去で良くなったのですが、生まれたばかりのころは本当に大変でした。

当時私は食事療法をとても頑張り、次男はかなり改善したのですが、同時に失うものも多く、その経験から学んだことは、育児・療育に対する私の考え方でもある、**「できる範囲で、できることでいい」**に通じています。

私の失敗経験をお話しします。次男は生後間もなくから、アレルギーが強く出ていました。全身湿疹だらけで、身体がかゆくてなかなか寝続けてくれず、おとなしくてあまり泣かないけれど、なんだかぐったりして疲れている印象の赤ちゃんでした。

6ヶ月健診のとき、あまりに他の赤ちゃんのお肌がぴかぴかつるつるなのに、うちの子は顔が真っ赤でぐじゅぐじゅで……次男がかわいそうで、悔しくて、惨めで、車の中で泣きながら帰ったのを覚えています。

私は、次男のアレルギーが少しでも良くなるならば、「この子のためにできることはなんでもしよう！」と決心しました。インターネットで名医を探し当て、当時まだ2才だった長男も連れて、慣れない道を車で片道1時間、さらに2〜3時間の順番待ち。県外からもたくさんの親子が来ていて、帰宅まで半日はかかっていました。

母乳には私が食べたものの影響が残るので、医師の指導の下、私も厳しい食事制限をし、アレルゲンになる物質は全て除いていくことになりました。当時の次男のかゆみのもとになっていたのは、乳製品、卵、小麦粉、豚肉、ごま、果物、魚介類などなど。さらに、アレルギーを悪化させる可能性のある油や白砂糖、添加物、化学調味料、残留農薬等も、徹底してすべて避けました。私は好きなピザやケーキもお預けして、毎食おにぎりとお味噌汁ばかりの食事になりました。

そして、ダニやハウスダストも良くないようなので、毎日布団を干し、家中と布団に掃除機をかけました。食事に少しでも変化が欲しくて、マクロビオティックや食事療法の本を読みながら、豆乳を使ってシチューやカレーを作れるようにもなり、次男の1才の誕生日には、お芋の生地の手作りケーキでお祝いをしました。

そんな私の必死の頑張りの甲斐があって、次男のアレルギーは短期間で劇的に改善しました。体質的なものの根治は難しいけれど、身体中の湿疹もごく一部になり、ちょっとずつ除去食を解除しながら、離乳食に挑戦できるようになったのです。

ところがです。すっかり余裕のなくなっていた私は、2才のかわいい盛り、甘えたい盛りの長男を毎日叱り飛ばしてしまっていました。長男は次男が生まれてから赤ちゃん返りがひどく、狂ったように泣き叫び、わがままばかり言い、危ないことばかりしました。布団を干して掃除しなければいけないのに、まとわりついて邪魔をして、毎日寝不足で疲れ切った私を困らせるので、大きな声で怒鳴ったり、ときには手を上げて叩いてしまったりしたこともありました。パパにも「最近笑ってないね」と言われた私は、育児ノイローゼ寸前でした。

毎日歯をくいしばって頑張り続けたこの時期、私は、あれだけ必死になって関わった次男がいつハイハイやたっちをしたのか、初めての言葉はなんだったのか、全く覚えていません。次男が生まれるまでは、長男がひたすら愛おしくて、写真やビデオをいっぱい撮っていたのに、本当にわずかしかこの時期の記録は残っていません。

結果論ですが、劇的な変化でなくとも、本人の成長に任せていれば、ある程度までは自然と落ち着いたかもしれません。次男には必要な治療ではあったけれど、ここまでの犠牲を払って良かったのか、今でも確信が持てません。お母さんが必死になって頑張り過ぎてしまうと、それと引き換えに失うものもとても大きいのだと感じます。

この時の経験を踏まえて、現在では食事療法も療育も、

・体質改善、苦手克服は「できる範囲で、できること」だけでいい
・指導者に依存し過ぎず、目の前の子どもを良く見て、自分で考え、自分で判断する
・「子どものため！」と思い詰めずに、自分も楽で楽しめることを取り入れる

ということを心がけるようになりました。お母さんが「子どものため！」と持てる全てのエネルギーを捧げてしまうと、思うようにいかない時に、結果に振り回されたり、子どもにイライラしたりしてしまいます。自分のペースで、自分に合った方法で、無理せずに楽しんで続けられる方法を見つけることが、結果的には本当の意味で、子どものために（そして他の家族のためにも）なっていくのだと思っています。

33 トイレがうまくできない ↓ 「トイレのしかた」を貼っておく

うちでは、「うちのトイレのしかた」のマンガ風の手描きイラストを、トイレの壁に貼っています（5ページ⑫）。

「トイレ」と一口に言っても、男子用・兼用、洋式・和式、「流し方」や「カギのかけ方」もそれぞれ違い、男子と女子で「しかた」も違うのです。そして各種の忘れ物やエラーも多く、私もいちいち「ふった!?」「ふいた!?」「流した!?」と聞くのが面倒で、男女・大小の手順を一枚にまとめて壁に貼りました。また『ひとりでできるよ！図鑑』（学研）の中に掲載されている「紙の巻き方」も貼っています。

末っ娘も、入園前、兄達を手本に上手にトイレができるようになったものの、「パンツをはきたくない！」というこだわりがありました。できるようになったトイレもパンツを脱ぐのが間に合わないとか、オムツからパンツへ変わったときのスースーした感覚に慣れないなどの理由があったようで、無理にはかせてもすぐに脱いでしまうのです（ちなみに兄達も、トイレを始めたばかりの頃は「ノーパン派」でした）。

入園が目前に迫っていたので、なんとかパンツの習慣を身につけたいと、長女の好きなきせかえ遊びをヒントに、仕掛けカードを作りました（5ページ⑬）。窓を開けたパンツのイラストの透明部分が、裏のバーをスライドさせると、うちの実物と同じ絵柄のパンツに変わるのです。「今日はどれにする？」と一緒に遊びながら、パンツをはいた自分のイメージに親しめるようにしました。「OKカード」と同じく、もし濡れちゃった時はこうすればいい、という対処法も入れると安心できたようです。すっかり長女のお気に入りになり、パンツがはけるようになりました。

また、エラー対策には、居酒屋の男子トイレと同じく、100円ショップで売っていた「トイレの的シール」（セリア）を滝壺の奥の所に貼ったり、便座のフタのうらに「キレイにつかってくれてありがとう」というメッセージを添えたり（6ページ⑭）、お掃除シートや「まめピカ」なども置いています。

ちょっとした工夫と家族皆の協力で、お母さんの仕事を減らせます。

34

片付けられない！

片付けられない子は発想力豊か

私はインターネットで見た「天才は机が汚い？」というまとめ記事をとても励みにしています（笑）。スティーブ・ジョブズやアインシュタインなど、革新的なアイデアと創造性を持った多くの著名人の机の上は散らかっている、というのです。「整理整頓」ができないことは、必ずしもマイナス面ばかりではないという、ものの見方を変えるきっかけになりました。

「凸凹さん」は、感覚の過敏性などから大量の情報の処理が追いつかずに、大事なものとそうでないものの選別ができずに、気にしなくてもいいことが気になったり、肝心なことを聞いていなかったりして、「こだわり」や「不注意」として扱われてしまいます。「いる情報」と「いらない情報」の区別がつかなければ、部屋も机の上も散らかって「片付けられない」と言われてしまいます。**ですが私は、「片付けられない」こと自体は体質的なもので、良いも悪いもなく、クリエイティブで発想力豊かな証拠だと思っています。**

散らかった部屋は、その特徴の表れに過ぎないので、「だらしがない」と決めつけてしまうのはもったいないことです。学校からは「机の上も下もぐちゃぐちゃです」とご報告を頂いてしまう長男ですが、一見何もないようなところでも、空き缶ひとつ、床の模様ひとつで、次々と新しい遊びを思いつき、遊び続けることができます。ただ、「散らかっている」のと、「不衛生」なのは別です。窓辺できらめくペットボトルの緑色の水や、机の引き出しの奥やベッドの下から発見される魚肉ソーセージのミイラは、後生大事にしなくてもよいものです。自由研究でなければさっさと捨てます。

また、せっかくクリエイティブな発想が生まれても、「あれがない！　これがない！」だと、それを実際に形にするまでにたどり着けません。最低限生活に困らないような片付けの工夫や、溢れる情報で疲れ過ぎないケアを一緒にしながら、クリエイティブなプラス面も見て、大事にしてあげたいと思っています。

35 誰のものか分からない！ イメージカラーを決める

うちの「収納術」は、美しく整然と、とはかけ離れたものですが、「皆で生活するのにギリギリ困らない程度」の工夫です。そのひとつとして、兄弟妹のものがごちゃ混ぜになって溢れているので、**兄は水色、弟は緑、妹はピンク、親のものは白または茶、というようにイメージカラーを決めて、ひと目で分かるよう色分けしています。**

モノにカラーテープを巻いたり、収納には色でラベルをつけ、食器などは市販のもので各色をそろえます。学用品にも本人カラーのテープを鉛筆一本から巻いておけば、拾っても誰のかパッと分かる上、学校でも落とし物対策になります。傘の柄などにもカラーテープで色分けして目印をしているので、同じようなたくさんの傘から、さっと自分のものを見つけることができます。

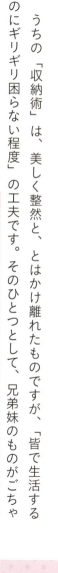

36

いつもぐちゃぐちゃ！

「ものの名前ラベル」で一石二鳥

漢字を覚えるのが苦手な長男、語彙《ごい》を増やしたい次男、文字を分かりはじめた長女の三人それぞれに役に立ち、収納も兼ねた「ものの名前ラベル」を、あらゆるモノに貼っています（6ページ⑮）。ビニールテープやマスキングテープにマジックでものの名前をふりがな付きの漢字で書き、ありとあらゆる文房具、家電、おもちゃ箱、キッチン雑貨、調味料、掃除道具などに貼ります。「居間」「風呂」などの場所の名前も入口のドアに貼ります。家中やるのは結構大変ですが、使う頻度の高いものほど、同時に漢字を見慣れます。「鉛筆・ハサミ」などの小物はケースや引き出しに、「ほうき」と「チリトリ」は本体と吊るす収納場所の両方に貼れば、収納場所も分かりやすいです。「ものの名前ラベル」で、収納と漢字学習の一石二鳥です。

37

大事なものが見つからない！
「専用BOX」でひとまとめに

長男はいつも探し物をしています。でも、「長男は透明の容れ物に入れると分かりやすい」という法則を発見してから、収納はオシャレなカゴから透明のプラケースに変わりました。**ひっくり返さなくても中身が一目瞭然の、収納の「見える化」です。**

そして、無いとパニックになる、ニンテンドーDS、ポイント手帳などの大事なものは、長男用の「専用BOX」でひとまとめにして置いたところ、生活が大分落ち着きました。掃除の時にこれらがどこかに落ちていたら「BOX」に戻せばいいだけなので、便利です。管理が楽なので、次男用も並べて置いています。

これを置いてから「あれがない！　これがない！」の時間と労力がかなり節約できています。

38

探すうちに違うことを始める

よく無くすものにはヒモをつける

「よく無くすものにはヒモをつける」はうちの片付けの鉄則です。

ハサミやテープなど、日常的に良く使う文具にはヒモをつけ、ペン立てに開けた穴にそのヒモを通じて定位置に置いています。これで工作や宿題にせっかく取りかかったのに、ハサミを探しているうちに拾い上げたマンガ雑誌を読み始める、なんてことは（ある程度）予防できます。もちろん、自由に使えるハサミもあるのですが、「ない時はココを見ればいい」ことになるので、落ち着いて工作に集中できます。

ハサミはヒモを切って持っていかないように、100円ショップの携帯ストラップのコーナーにあるスプリング式のコードにしました。一緒に使うことの多い折り紙や、ウラ紙のメモ用紙の束は、クリップで留めて傍にフックで吊るしています。

39 お風呂が嫌い ↓ 楽しくできるお風呂あそび6選

「絶対に毎日」とまでは言わないけれど、入浴はして欲しいし、お風呂は毎日できるスキンシップのチャンスなので、できるだけ一緒に入っています。そして、お風呂は療育あそびの宝庫です！ **ほんの少し療育を意識するふれ合い遊びなどを、楽しくちょっとずつ続けると、お風呂タイムはお楽しみの時間に変わっていきます。**

1 **タオルで風船**：タオル一枚でできる楽しい感覚遊び。湯船にタオルを風船のように浮かべ、ぷっくり膨らんだところを捕まえます。お湯に沈めるとブクブクの泡が出たり、ペチンとつぶしておおはしゃぎしたりしています。

2 **背中に文字**：背中を洗うついでに「な〜んて書いた？」とか、文字やマークを当

1 接し方の基本編
2 伝わる方法の基本編
3 家の中の工夫編
4 おでかけの工夫編
5 学校・園生活の工夫編
6 学習サポート編
7 頑張り過ぎ編

てる遊びで、文字の認識やボディ・イメージのトレーニング。「だ・い・す・き」とか「ご・め・ん・ね」とか、口では言いにくいことも、遊びのノリで伝えられます。

3 ほくろ探し：ボディ・イメージをつけ、注意深く見る練習にもなります。夜空で星座を探すのと同じですね。こちょこちょしながら、楽しい発見があります。

4 入浴剤で手探りあそび：乳白色の不透明入浴剤を入れて、皆で「誰の足かな〜」と足の裏をくすぐったり、おはじきや小さなおもちゃを手探りで摑んだりする遊び。

5 ゆらゆら、ぷかぷか：緊張が抜けない子、身体の力の抜き方が分からない長男には、お風呂で浮かぶ練習を時々します。最初は親の肩などに頭を乗せて、息を吸ったり吐いたりすると身体が浮いたり沈んだりすることを教えてあげます。末っ娘はお腹や背中に乗っけてお船あそび。「どんぶらこどんぶらこ」と「ももたろう」のお話をしながらやると、楽しくなって、お風呂に入りたがるようになりました。

6 数数え：定番のお風呂から出る時に数を数えるのも、ひと工夫で効果倍増。数えながら指同士をぴたっと合わせていったり、シーソーの動きや上下に持ち上げたりで、動きをつけます。最後は「10」や「100」などキリのいい数字で、「ドカーン！」とロケット発射で湯船から出ると、数の感覚が楽しく育ちます。

シャンプーが苦手な末っ娘を洗髪に慣れさせるには、最初私が娘に髪を洗ってもらい、実験台になりました。それから、お姫様ごっこが好きなので「プリンセスは毎日髪を洗う」と話し、ちょっとでも洗えたら「うーん、いいニオイ！」とほめました。

今でも風呂桶でザーッと流すのは苦手ですが、シャワーや持ち込んだジョウロでなら、美容院風に上向きにしてゆっくりちょろちょろ流すことができます。慣れるまでは、長男はシャンプーハット、次男は水中ゴーグルを使っていました。シャンプーは目に入っても痛くない低刺激の子ども用シャンプー。兄達は無添加石けんです。

お風呂が熱くて疲れてしまう次男は、最後のほうに入って好きに薄めるか、シャワーで良いことにしました。それでも面倒がりますが、兄がお風呂あそびに誘ってくれると、二人で水風呂に入ってずっと遊んでいることもあります。

うちはお風呂に、以前は家族五人一緒に入っていましたが、子どもの成長で浴槽も大分狭くなってきたので、今は「パパと一緒チーム」と「ママと一緒チーム」に分かれています。時々長男が一人で入る日もあり、この習慣も後何年続くのか、少々さびしい気もします。一緒に入ってくれるうちは、お風呂タイムを活用しています。

1 接し方の基本編
2 伝わる方法の基本編
3 家の中の工夫編
4 おでかけの工夫編
5 学校・園生活の工夫編
6 学習サポート編
7 頑張り過ぎ編

40
寝ない赤ちゃんとのサバイバル
なるべく一緒に、なるべく休む！

　赤ちゃんが「寝ない」というのは、母親の負担が大きく辛いことだと思います。

　長男は赤ちゃん時代、あまり寝ない子でした。五感が敏感で、ちょっとした風の音やカーテンの動き、腕から布団に降ろした時の感触や温度、人の気配の有無などで、すぐに気がついてしまうのです。当時、パパはくしゃみが出そうになると、隣の部屋まで駆け込んでいましたっけ（笑）。

　私もほとんど眠れず、一日中抱っこが降ろせず、寝不足と腰痛でフラフラで、過労や乳腺炎で高熱を出して救急に運ばれたこともありました。こんな赤ちゃん時代を生き延びただけでも、充分奇跡的だと思います。よく言われることではありますが、**やはり「お母さんがなるべく休む！」が、赤ちゃん期のサバイバルの基本です。**

私が過酷な状況下でどうやって生き延びたかというと、かろうじて「添い寝」で少しでも一緒に寝て、ほんのわずかな自分のための息抜き時間を作ったからでした。

その当時やっていた、長男からそっと離れるための工夫は、その後の次男、長女の赤ちゃん時代にも活用できました。添い寝授乳でうとうとし始めた赤ちゃんから離れるには、焦らずに20分は待ちます。そして、手のひらが開いて、呼吸が静かになって眠りが深くなったところを見極めて、そっと離れます。その際、手のひらの近くに何か柔らかい感触のぬいぐるみを置き、丸太のように丸めた毛布に母乳の染み込んだパッドやブラジャーをくっつけて、忍法「身代わりの術」！（笑）

こうすると、敏感な長男もしばらくの間騙されてくれ、ようやくお茶を一杯飲むことができました。それでも、すぐに「お呼ばれ」されたので、悪あがきせずに一緒に寝てしまうのが、一番効率は良いかもしれません。

布団の周りには私の息抜きのための手芸道具や、iPad、テレビリモコン、マンガなどがいつも手の届く範囲に散らばっていました。本当は、産後は目を酷使する針仕事やデジタル機器などは、あまりおすすめできないのですが、当時の私は「自分を保つためには、そうせずにはいられない」気持ちでいました。

敏感な赤ちゃんも、お腹の中と同じ姿勢で包むと安心するので、スリング（たすき掛けで赤ちゃんを包み込む袋状の抱っこ紐）なども、ずいぶん活躍しました。下の子達が赤ちゃんの時も、スリングかおんぶ紐で毎日兄の幼稚園の送り迎えに連れて行きました。

また、赤ちゃんの体をくるむおくるみの布の巻き方は、末っ娘の産院で教えて貰った「おひな巻き」が効果抜群でした。赤ちゃんを大きめのガーゼの布の上で、あぐらをかかせて胎児の時と同じ姿勢にして、肩から足の先まで全体的にぴっちりと、丸い形でくるむ方法です。これをすると過敏な新生児も不思議な程ピタッと泣き止むので、長女の産後の育児はとても楽でした。

ただ、結果的に一番早く赤ちゃんを落ち着かせる近道は、「お母さんがなるべく一緒にいる」ことのようです。

お母さんのお腹の中という安全な世界から飛び出してきた赤ちゃん、特に感覚の敏感な子は、1章でもお伝えしたように、生まれた時から空気や音や光などの、基本的な情報が多過ぎて、不安でいっぱいなので、それを（少々ハードですが）お母さんがなるべくたくさん抱っこして、なるべく長く授乳して、なるべく一緒にいることで、少しずつ安心させて「この世界は信用できる」と思えて初めて、ぐっすり眠ってくれるようになる、というのが、三人の子の新生児期を多少失敗をしながらもサバイバルしてきた私の率直な実感です。

赤ちゃん期に母子がなるべく密着して、アタッチメント（愛着）をしっかりと形成することは、心理面でも発達面でも、とても大事なことです。ですが、お母さんが疲労困憊《ひろうこんぱい》していたら、子どもを愛おしいと思える気持ちも覆われてしまいそうになります。

祖父母世代の「抱き癖がつく」は、その時代のニーズから生まれた育児スタイルのひとつに過ぎないので、気にしなくていいと思います。新米お母さんが自信を持って、母としての直感に素直に従えるようにするには、本当に「なるべく一緒にいて、なるべく休む！」が大事です。

これはうちで現在でも続いている心がけでもあります。

41

最低限の生活習慣が身につかない↓「子どものお仕事リスト」を作る

うちでは、少なくとも最低限の生活習慣を身につけてもらうために、前述のポイント手帳と併用して、「子どものお仕事リスト」（＊1）も別途作りました。

リストの中身は、よく寝る、着替え、ごはんを食べる（3食）、お風呂に入る、ハミガキ（朝・晩）、学校・幼稚園へ行く、宿題をやる、といった基本的なことです。

これらの「子どものお仕事」を単語カードにすべて書いて、時系列に並べた三人分のリストを作りました。それをコルクボードにピンと紐で吊るし、「お仕事」がひとつ終わるごとにカードを裏返していき、全てのカードが裏返った日は、前出の「ポイント手帳」に全クリア3ptが加算されます。事前に「これさえちゃんとやっていれば、かあちゃんは文句言わないよ」と伝え、徐々にできるようになっていきました。

（＊1）Facebookの仲間の井出さんが、テレビで見た方法を参考にお子さんのために作ってみた「やることリスト」のアイデアをヒントにさせていただきました。

4章

おでかけの工夫編

42

子連れの買い物がツライ！

買う気がないなら、連れて行かない！

スーパーで走り回る、カートから脱走する、お菓子売り場でかんしゃくを起こしてひっくり返る。そして、カミナリを落としたところでご近所ママとバッタリ遭遇という不幸な事故……。「凸凹さん」の子連れの買い物は、まさに戦場。思い出すだけで胃が痛くなります。

そこで私が学んだのは、「買う気がないなら、連れて行かない」ということです。

下の子が入園するまではお母さんが一人で自由に買い物できませんが、小さな子を連れながらあれこれ見せて、ひたすら「ガマンしなさい」というのは、ハードルが高過ぎるようです。大人でも、試食したのに何も買わずに帰るのは、結構難しいでしょう。

子連れでスーパーに行く時は、これは「子どもの練習」なのか、「親の都合」なのかを見極めます。そして、「子どもの練習」であれば、適切な発達のタイミングを待って、子どもの心が安定して、こちらも気持ちと時間の余裕のある時にゆっくり取り組みます。そうではなくて、生活のための買い出しで、必要最低限の買い物だけで済ませたい場合は、生協やスーパーの宅配サービスを活用して、気持ちと時間に余裕を作ります。配送料はかかりますが、子どもにダダをこねられて、屈服して「お買い上げ」するよりは、家計と時間と親のエネルギーの効率が良いと思います。

それから、パパがいる時にママ一人で買い物に行かせてもらうのもおすすめです。特に赤ちゃんがいる時には、ほんの一時間の買い物がまるで天国のように思えたものです。

子どもにガマンを教えるためには、まず、こちらに余裕を作る必要があります。そして、お母さんに買い物を楽しむ余裕が生まれたら、ぜひお子さんを連れて行ってあげましょう。買い物は本当に素晴らしい、体験的な学習とSSTの宝庫です。

1 接し方の基本編
2 伝わる方法の基本編
3 家の中の工夫編
4 おでかけの工夫編
5 学校・園生活の工夫編
6 学習サポート編
7 頑張り過ぎ編

43

とにかくなんでも欲しがる↓本当に欲しいのは「お母さん」

子どもにスーパーでお菓子や食玩を「ある程度」でガマンさせる場合、私は家を出る前もしくはお店の駐車場で「今日はお菓子100円までね」、まだお金の計算ができなければ「今日は3個までね」などと指を出して見せ、「それで良ければ行こう」と、本人が納得できたらお店に入ります。納得しない場合は「食玩は300円までなら買えるけど、ジュースはガマンする」など話し合って妥協点を見つけます。

また、前出の「ポイント手帳」を使って、「欲しいものは自分でお金を貯めて買う」習慣が定着してくれれば、長男も今では本当に欲しいもののために、他のものをガマンできるようになりました。

「眠気」「疲れ」「空腹」などの基本的なことでも、手こずる原因になるので、お店に連れて行くタイミングを見直して、予め食事をとらせたり、お昼寝の後で機嫌の良い時に連れて行くことを心がけると、こちらの提案も受け入れやすくなります。

でも、このような「理屈」が通じない場合もあります。とにかくなんでも手当たり次第欲しがる、約束の範囲を守れない、買ってもらえるまで暴れ続ける……親は途方に暮れそうになりますが、これが出たら、私は「子どもが欲しいのは別のもの」のサインだと思っています。

こんな時にうちの子達が本当に欲しがっているのは、私との愛情を感じられる関わりだと直感で思います。うちの子達が手当たり次第欲しがってガマンができない時は、他の場面でたくさんガマンし、さびしい想いをさせている時でした。

長男の場合は、下の子達が次々生まれ、私の手が空かなかった頃。長女は、兄の事でかかりきりで、私の頭がいっぱいいっぱいだった時。次男の場合は、「暴れる」という表現ではなく、「別に何もいらない……」と、自分の内側に向かって「無気力」になるのです。現在は、兄たちはお店で大暴れはしなくなりましたが、甘えたい盛りの長女はまだまだ時々あります。本当は「何かを買ってほしい」のではなく「私がワガママを言っても、かあちゃん全てを受け入れて！」というサインだと思っています。

だからその時に根負けしてシブシブお菓子を買ってあげたとしても、心がお腹いっぱいにならなければ、また同じことの繰り返しになりがちです。

そんな時は、お店でなんとかしようとはしません（そういう時こそお店に連れて行かない時期です）。家にいる時に少しでもいいから抱っこし、抱きしめてあげて、「かあちゃん、見て！」と言ってきた時に一緒に見て、1章でお伝えしたような分かりやすい愛情表現を意識して、できる範囲で関わりを増やすようにしています。

もちろん「凸凹さん」は体質的なこだわりもあるので「心を満たせば全てが解決」とはいきませんが、できる範囲で「愛情を分かりやすく伝える」と、その子なりに妥協できたり、かんしゃくが早めに治まったりするようになっていきました。

「凸凹さん」たちは、感覚の過敏性から、いつも日常生活の基本的なところでたくさんガマンをしていて、ちょっとしたことですぐに「ガマンのコップ」が溢れてしまうこともあります。こんな時は、一見甘やかしているように思えても、子どもがワガママになっているように感じられたら、まめにケアして休ませ、自分の好きなことで発散・リラックスさせてあげることで、結果的に「ガマンできる」ことも増えます。

ガマンを教えるには、コップの水位に余裕が必要です。

44

外食が楽しめない

↓

ストレスにならない外食にする

外食も「食事は楽しく！」が基本です。うちでは赤ちゃんがいる間は、宅配とお持ち帰り、個室のあるお店（個室座敷のあるうどん屋さんなど）を活用していました。現在はガストとモスバーガーの宅配、お持ち帰りができるお寿司屋さんがお気に入りです。**子どもが大変なうちは無理せず、お母さんの手抜き・息抜きを優先します。**

少し子ども達が落ち着いてきたら、ファーストフードや、ショッピングモールのフードコート、回転すし屋、レジャー先のホテルのバイキングなどなら、賑やかなので多少のことは気になりません。偏食さん一家には、フードコートやバイキングで「選べる」のはとても助かります。かしこまったお店はまだまだ無理ですが、少しずつ慣らしていけば、たいていのお店は大丈夫になっていきました。

45

病院で騒いでしまう
病院・歯医者選びのポイント

病院などで子どもが騒いでしまう場合、雰囲気や待ち時間も関係していることがあります。大きく整然とした総合病院は、様々な患者さんがいて、不安な気持ちにもなるようです。うちは、大らかな雰囲気で、気軽に行けて、キッズスペースがあって、あまり待たずに済んで、なんでも相談でき、子どもの成長を一緒に温かく見守ってもらえるような、かかりつけのホームドクターの元に通っています。

うちでは、当初、発達面に関する相談・受診は、数ヶ月に一度、少し遠くの専門病院まで行っていましたが、特に大きな問題がなければ短時間の診察で済んでしまい、なんだか心許《こころもと》なく感じたので、普段風邪やアレルギー症状の時に診てもらっている近くの小児科・内科で、発達面に関しても相談しています。大きな問題があれば、専門医につないで頂け、他の疾患も含め総合的に診てもらえるメリットは大きいです。**アレルギーの薬を貰うついでに発達相談をこまめにしています。**小さな頃から慣れている医院では長男も安心して「最近頭痛がする」「授業がつまらない」「イヤなヤツがいるんだ」なんて話が先生とできます。「障害」の診断がつくほどではない次男・長女も発達の経過を見守っていただき、家族をトータルで診てもらっています。

また、病院でマナーを守れない時、「人のメーワクになるからやめなさい！」と言っても「メーワク」の指すものが何かは伝わりません。例えば「音が大きいと頭が痛くなる人もいるから、病院ではゲームの音はＯＦＦにしてね」と、迷惑の具体的な理由と「やっていいこと」を伝えます。落ち着かずうろうろしてしまう時は、「このソファのここからここにいてね」「○○をして待っていてくれる？」と、座る場所や何をして待つかを具体的に伝えます（好きなおもちゃや絵本、ゲーム機などを持参しています）。

歯医者の場合、初めての時はどんな子でも緊張すると思いますが、長男もついに今年、歯肉炎で学校から通知を貰い、受診することになりました。

以前、長女が初めてのムシ歯を治療した歯科が、小さな子にも丁寧に「次はここから空気がシューッと出るよ、触ってみる?」と、ひとつひとつ器具を説明し、本人にも触らせてくれ、安心して治療ができたので、長男の時も「ぜひ、この先生に」とご指名で予約させて貰って、担当して頂きました。

治療の前に発達障害であること、感覚の過敏性(特に触覚と味覚)があること、予測のつかないことが苦手なこと、などを伝えました(こういった場面で、後述の「サポートブック」なども役立ちます)。

先生は、最初に治療の全体の流れを説明して、長女同様器具を説明しながら触らせて、薬剤の風味も自分で選ばせてくれました。口に器具を入れる前に、長男が「本当に痛くない!?」と不安になると、手の甲で「これくらいかな?」と、強さを体感で教え、ずっと「上手だね」「あと◯分で終わるよ」と声かけもしてくれたおかげで、終始落ち着いて、治療を受けることができました。治療が終わると長男は「超スッキリした! また来たい!」と、次の定期チェックを希望するほど気に入ったようです。

もし、お子さんがムシ歯になったら、患者へ分かりやすい丁寧な事前説明を心がけ、納得させながら治療してくれる歯科を探すと良いと思います。

46 2秒でいなくなる！「子ども用ケータイ」で大丈夫！

子ども用のケータイの導入は、我が家のお出かけにとって革命的な変化をもたらしました。なにせ、遊園地についた途端、長男が2秒でいなくなって、探し回って疲れ果て、見つかったところで帰宅、なんてこともよくあったからです。

子ども用のケータイは各社様々な配慮が工夫されていて、小さな子でも使いやすくできています。どの会社でもだいたい共通しているのは、

・ボタンが少なく、操作が簡単
・登録先以外に発信・着信ができない
・ネット接続はメール（またはSMS）のみ
・GPS機能があり、親が居場所を確認できる

・防犯ブザーがついている

などです。うちでのケータイの導入時期は、長男が小学2年生、次男が年長組の春でした。次男はいなくなるタイプではないのですが、「迷子になったらどうしよう」という不安感が強く、お守り代わりに持たせると安心したようで、行動範囲が広がりました。最近は、腕時計型のGPS付き端末もあります。

また、よく迷子になってしまう小さなお子さん向けに、ハーネスやリード付きリュックなども市販されています。「子どもにリードをつける」というのは、賛否もあるかとは思いますが、多動性・衝動性のある子の場合は、「安全には代えられない」といった親の意見が多いようです。私もいつも長男がちょろちょろする度「この子にヒモをつけたい!」って思っていました。

ケータイもハーネスも、「もしもの時の命綱」のようなものです。子どもを縛り付けるものではなく、上手に使えばお出かけに安心感をもたらす、親子の行動範囲を広げるためのツールだと思っています。

使えるものは使っていけば、元気いっぱいの子とのお出かけを楽しめます。

47 ホテルに着いた途端「帰りたい」↓「しおり」を作って安心させる

旅行は非日常の連続です。「いつもと違う」ことばかりで不安が多く、心の準備が必要です。そこで、子どもを安心させるために、家族旅行の時にも、学校で遠足や社会科見学のときにもらうような「しおり」を作るようにしています（7ページ⑯）。できれば、計画段階から本人に関わらせてあげたほうがベストです。

「しおり」には予定表と、ルートを書き込んだ地図、周辺の施設、宿泊場所、体験予定のことなどのイメージが分かる写真を宿泊所のホームページなどからプリントして一冊に綴じます。予定表は「出発から帰宅まで」の日程を一目で分かるリストにし、「くねくね山道を通る」や「お昼はここで探す」、「渋滞で遅くなる可能性もあるけど○時までには帰れる」といったメモを書き込みます。

【安心させる予定説明のコツ】

・予定変更の可能性を伝える

・もし予定どおりできなかった場合、どうすればいいか伝える

・それでも予測不能の事態の時には家族やお店の人が助けてくれることを伝える

長男は、小3の時のキャンプで、「もし（自由研究のための）カブトムシが捕れなかったら？」「ゲーム機の充電が切れたらどうするの？」「体験の流しそうめんが満員だったら、お昼は食べられないの？」「家に帰れる？」といったことで不安になっていたので、「もしその時は、こうすればいいよ」と、ひとつひとつ対処法を書き込んで説明してあげれば、落ち着いて行動し、新しいことに挑戦できました。

旅行中何度も「しおり」を見直して、自分で気持ちを落ち着かせていました。雨でカブトムシは捕れなかったけど、キャンプはとても楽しめて「また来たい！」と、今年も同じ場所に行きました。

それと、強行日程で疲労から大パニックになった過去の反省もあるので、日程には余裕を持って無理に詰め込みすぎないように気をつけています。

48

人ごみできょろきょろする
↓
「父ちゃんの背中を見て歩くよ」

うちは普段のお出かけは車中心なので、（私が人ごみが苦手ということもあり）あまり混雑したところには出かけないのですが、年に一度のパパの実家への帰省の折には、魔境・東京駅を始め、人ごみの洗礼を受けることになります。

人ごみでは、長男も次男も「どこを見たら良いのか分からない」状態になります。それぞれ別方向に歩く人々、予測のつかない動き、色とりどりの看板やお店のディスプレイ、きょろきょろと目移りしているうちに、はぐれそうになってしまいます。

そんななか、大荷物を持ち、下の子の手をつないでいたら、上の子を誘導する手段は「声かけ」だけです。人ごみでは、具体的に視線の目標を定めて声かけしています。「父ちゃんの背中を見て歩くよ」「この青いリュックの人の後ろに並ぶよ」「あそこの時計台のところまで進むよ」……と言う具合です。

横に広がって歩けないところは、パパが先頭、長男・次男、末っ娘と最後尾に私、という登山隊列の基本と同じスタイルです。パパが道を切り開き、私は後ろから声かけをしながら、子ども達の動きに目を配ります。

片手が使える時は、ジェスチャーもとても有効です。手のひらを広げて「待って」「ストップ!」、朝礼の「前へならえ」のように腕を伸ばして「ここに並ぶ」、指差しで範囲指定して「ここからここにいてね」、大きく首を振って「やめて」などを、声かけと併用して使うと、より分かりやすく伝わりやすくなります。

また、普段のショッピングモールなどへのお出かけでも、子どもがきょろきょろしたり、人にぶつかりそうになる時は「危ない!」ではなく、**「前を見てね」「端っこを歩こう」「かあちゃんの前を歩いてね」と「やっていいこと」を具体的に声かけしています。**危なっかしいと小言も多くなりますが、無事帰ってきたらよく休ませてケアして、頑張れたことをほめたり「今日は買い物楽しかったわ～、ありがとう」と伝えます。人ごみの中では、具体的な目標物の声かけとジェスチャーで、きょろきょろちょろちょろするのを、軌道修正できます。

49 とにかく危なっかしい↓ できる範囲でリスクを減らす

いつも、子どもが巻き込まれた事件・事故のニュースを目にする度に、他人事とは思えません。特に、好奇心が強い子、多動性・衝動性・不注意性の高い子、ウソが見抜けない子、他人の表情が読み取りにくい子、おとなし過ぎる子、人なつっこい子……「凸凹さん」は、事件・事故に巻き込まれるリスクがとても高く思えます。

今のうちに親が「できる範囲で、できること」をやっていけば、少しでも被害者・加害者になるリスクを減らすことができます。

うちでは、『こどもあんぜん図鑑』（国崎信江・監修／講談社）や、学校で頂く警察等のパンフレットが役立っています。ここから、留守番中の対応や、災害時の逃げ方などをコピーし、インターホンや勝手口近くに貼っています。また、日頃からニュースの内容を分かりやすく話し「こういうこともあるかもしれないけど、その時はこうすればいいよ」と、雑談をしています。臨機応変が苦手な子には、とにかく知識を増やします。ちなみに、長男はボーダー柄の服のおじいちゃんを見て「泥棒が犬を連れて歩いてた！」と駆け込んできたので「シマシマの服でも泥棒だとは限らない」と教えました（笑）。

一方で、発達障害のある・なしにかかわらず、どんなお子さんでも、周囲の無理解や過度の叱責・失敗体験などが続き、著しく自己肯定感や自尊心を損なったまま成長した場合、反社会的な行動面が強まったり、心を病んだりすることがあります。あるいは、不注意や過労による過失（うっかり）や、社会・対人面でのスキルや法的知識の不足（知らなかった）などでも、加害者側になる可能性もあります。

子どもが事件・事故に巻き込まれないための最大の抑止効果は、親が「大好きだよ」「いつも見ているよ」と、言葉でも態度でも、毎日伝えることだと私は思います。全ての危険を防ぐのは難しくても、元々リスクの高い子には、できる限り愛情を分かりやすく伝え、危険性の高い場所に自ら飛び込むことを少しでも減らせます。

どんな子も、大人になるまでしっかり生き延びて欲しい、と切に願っています。

5章

学校・園生活の工夫

編

50

登校・登園を嫌がる
↓
行って帰ってくるだけで100点

感覚が敏感な子ども達にとっての学校や保育園・幼稚園は、花粉症の人にとってのスギ林、妊婦さんにとっての満員電車のようなものだと想像してみて下さい。つらいし、疲れるし、不安になります。こんな状態の子どもに「なんでできないの？」「もっと頑張れ！」と言うのは酷なことだとお分かりいただけると思います。

私は、多少ぶつぶつ言いながらでも、うちの子達が学校に行くだけ、幼稚園に行くだけでも、充分よくガマンし、充分よく頑張っているといつも思っています。

トラブルがあろうが、忘れ物をしようが、テストが白紙解答だろうが、給食を残そうが、行って帰ってきただけで、まずは100点満点です。お母さんや身近な人が、本人のつらさや不安感に気づいてあげるだけで、負担感が随分違うと思います。

51 小学校に入学するのが不安↓入学前に具体的なイメージをつける

次男が入学の年、真面目で緊張しやすく、不安が強い性格なので、入学前の春先には「おれ、道がおぼえられなくて心配だから、毎日車でおくって〜」なんて泣き言を言っていました（長男の時は、「行けば慣れるだろう」と、いきなり小学校に放り込んでしまったら、大ショックを受けてしまい、準備不足をとても後悔しました）。

入学前の「通学路の下見」は「やっておいて良かった」と思いました。子ども会のイベントに兄弟で参加し、学校まで登校班の子ども達と一緒に私も歩きました。

その際「このお店で曲がるんだね」など確認の声かけをしつつ、目印になるお店や曲がるポイント、駐車場などの危険箇所を、すべて写真に撮っていきました。

そして帰ったら、google map で航空写真をプリントして、通った道を赤で書き込

1 接し方の基本編
2 伝わる方法の基本編
3 家の中の工夫編
4 おでかけの工夫編
5 学校・園生活の工夫編
6 学習サポート編
7 頑張り過ぎ編

んだ地図も作りました。写真を見せて何度も振り返り、イメージをつけます。「道が分からなくなったらどうすればいいか」「困ったら緑の服のおばちゃん（交通指導員さん）が助けてくれるよ」と伝えて、安心させます。入学後でもいいので、指導員さんなどに「いつもありがとうございます」と簡単な挨拶をしておくと、顔を覚えていてくださいます。

また、もし、集合時間に遅れた場合や、登校中に忘れ物に気づいた場合、途中でケガしてしまった場合などの対処も、学校のルールを参照しながら「家に戻るか？／学校まで歩くか？」と、うちではフローチャートにして作り、長男にも見せました。

学校の中や学校生活の流れなども、事前にイメージ作りをすると安心します。不安が強いお子さんや特に心配な場合は、入学前に学校にお願いして親子で下見させて貰い、実際に学校の中も、写真やビデオで撮らせてもらうといいと思います。教室や、昇降口、トイレが和式か洋式か、運動場の広さなど、写真等で見慣れておくだけでもショックがやわらぎます。次男の時は、兄のアルバムで「授業はこんな感じだね」「運動会はこんな風だね」と見せることができました。第一子の場合でも、市販や無料の学校生活についての紹介の絵本やDVD、動画なども出ています。

それから、幼稚園の頃、長男はクラスのお友達を出席番号で覚えていましたが、顔と名前の一致が苦手な子もいると思います。そのような場合は、入学式の後などに担任の先生と2ショット写真をお願いして、見える所に名前を書いて貼っておくと、先生の顔を早めに覚えられます。進級の度にクラスメイトの集合写真も拡大プリントして、うちでは廊下の掲示板に貼っています。クラスに早く馴染む工夫です。

入学を前にお母さんも心配になっている場合もあると思います。無理もありません。私も毎日ついて行きたい気持ちでした（笑）。そのため、分からないことや心配なことは、近所の先輩ママ、上級生のお子さんなどに遠慮なくどんどん聞いてみました。私は「カサを忘れて、雨が降ってきたらどうするのか」「遠くの友だちと遊ぶ時はどうしているのか」「下校時刻が塾に間に合わないときはどうするのか」ということを心配していましたが、先達の知恵はありがたいものです。先輩方はそういった気がかりも経験済みなので、とても親切に教えてくださいました。

「凸凹さん」は、段差が大きいとつまずきやすくなるので、幼稚園→小学校入学、というような大きな環境の変化の時には、スロープをつけるように段差を和らげてあげると、ショックがかなり違いますし、親も安心できます。

52

入園後大泣き！

「お母さんの一日」動画で安心する

　昨年、末っ娘が幼稚園に入園した時、私に8年ぶりの自由時間が訪れました。妊娠と出産を三人分繰り返し、常に家には赤ちゃんか幼児がいて、「家で一人でほっとする」ということが8年間なかったのですから、入園式の翌日は先生に娘を預けたら、私はスキップして帰りたいような気持ちでした。

「ところが」というか、「やはり」というか、娘は大泣き。まあ、毎年入園のこの時期は、凸凹のある・なし関係なく、おチビちゃんたちがぴょーぴょーと泣き叫び、幼稚園は事務の先生まで総動員で、両脇に抱っこで奔走しているのを見続けてきましたから、長女が泣くのも当たり前です。

　お母さんと離れた子どもが泣く理由の中に「自分がいない間、ママがどこかに行ってしまうんじゃないか」、下の子がいる子どもは「弟妹にママをとられてしまうんじゃないか」という、お母さんが心配で不安で健気な気持ちがあるように感じます。

「かあちゃんはいつもと同じように家で洗濯しているよ」と言葉で伝えてもなかなか信じられなかったので、私の一日の行動を写真と動画に撮ることにしました。

これも一種の視覚支援。「帰ったら一緒に見ようね」と約束して、私が家事をする姿を自撮りで撮って、短い動画に「今から洗濯を干しまーす。◯子ちゃんはなにしてるかな〜?」など、音声メッセージを入れました。帰ってきた長女は、動画を何度も何度も繰り返し見て、ようやく「お母さんはどこにも行かない」ということが分かり、納得して安心したようです。

Facebookで頂いたコメントの中で、成人された娘さんにも同じように「母の一日の予定表」を広告の裏に書いて、定位置に置いて安心させている、というお母さん(Yさん)がいらっしゃいました。子どもの年齢に関係なく、「見えないこと」に対して不安な時は、「見えるように」してあげれば安心させることができるようです。未診断で感覚の過敏さがややある長女ですが、今ではすっかり幼稚園に慣れ、友だちもたくさんできて楽しく通えています。

53 時間割をそろえられない

一緒に「かるた方式」でそろえる

実は、忘れ物の多い長男の翌日の準備は、小4まで私がやっていました。だって、宿題だけでもぴーぴー言っているのに、終わった途端「はい！　じゃあ次は明日の支度！」と追い打ち攻撃をすると、長男は投げやりになって、私もイライラしてしまうので、それぐらいなら私がやってしまったほうが、100倍マシだからです。

とは言え、「一生ずっと母ちゃんが支度する」というわけには行きません。宿題もほどほどに取り組めるようになったので、スモールステップでチャレンジです。

とりあえず、うちにある教科書・ノートは毎日「全出し」して、床に広げてしまいます。そして、私がかるたのように連絡帳を読み上げ。「一時間め〜、国語〜。教科書、ノート、漢字ドリル、漢字ノートォ〜」。「はい！　はい！」と、「国語」の手札が揃ったら、ランドセルに放り込みます。入れたものは、連絡帳にスタンプでチェックを入れます。

長男はおもちゃ箱でもなんでも、一度全部ひっくり返して、出してしまってから探すタイプなので、楽しくできるこのやり方が合っていたようです。

ひと月くらい付き合ったら、自分で時間割を見ながら放り込めるようになりました。このことをFacebookで投稿したところ、仲間のお母さん達から他にも様々な工夫のご意見が寄せられました。

・各教科のセットを写真に撮り、ホワイトボードなどに時間割を貼っておく（中嶋さん、Tさん）
・同一式を、各教科ごとにバンドやファイルボックスで仕分けてまとめ、揃えやすくする（柿崎さん、Oさん）
・毎日全部持っていく（!!）（八尾さん、佐々木さん）

など。足腰も強くなりそうですし、お母さんがつき合ってあげれば、「凸凹さん」でも、高学年、中高生になる頃には、自分でできるようになったお子さんも多いようです。その子に合った方法で、一緒に楽しみながら、できることを増やせます。

54 手ぶらで登校しようとする↓ クイズ形式で忘れ物を防ぐ

私は毎朝玄関で、登校前の長男にクイズを出します。「クイズです。学校に行く時に必要なものはなんでしょうか？」「選択クイズです。習字がある時に必要なものは次のうちどれ？　1、海水パンツ。2、三つ編みのカツラ。3、習字道具」「間違い探しクイズ。今、○太郎君の服装に間違いが3ヶ所あります。どこでしょう？」

登校時に限らず、ミスや間違いを指摘されると受け入れにくい子でも、クイズ形式でユーモアを交えると、受け入れやすくなります。

また、うっかりお友達の持ち物を持って帰ってきてしまった時は、「○○さんに返してきてね」と、目立つ色のふせんで伝言を貼っておいて、翌日自分で返してもらっています。

1 接し方の基本編
2 伝わる方法の基本編
3 家の中の工夫編
4 おでかけの工夫編
5 学校・園生活の工夫編
6 学習サポート編
7 頑張り過ぎ編

55 ザワザワ音や大きな声が苦手 ↓ 「イヤーマフ」をお願いしてみる

次男が小学校に入学してしばらく経った頃、何か具体的な理由がある訳ではないけれど、朝からぐったりしている印象で、「疲れた」と言って起きることができずに、休んだことがありました。そして同時に、「忘れ物をするのが心配だから」と、連絡帳とランドセルを何度も何度も繰り返し確認する、という行動が見られました。

何か注意されるようなことでもしたのかと担任の先生に聞くと、「○次郎君は話を良く聞き、忘れ物もなく、特に注意されることはありません」とのこと。そこでハッと気づきました。聴覚に過敏性がある次男は耳からの情報の選別がやや苦手です。他の人は必要な音の情報だけを、自然と選んで負担を減らしているのですが、聴覚が過敏だと雑音や自分に関係ない情報も、しっかり拾って受け止めてしまうのが理由かもしれません。他のお子さんが近くで注意や指導を受けていると、同じように叱られた気持ちになり、一緒に落ち込んで、不安になってしまうのです。共感力が高くて優しい次男は、人が多いとぐったりと「気疲れ」してしまい、何か手を打たないと、休みが増えていきそうでした。

そこで、学校で「イヤーマフ」をつけさせてもらえるように、理解を求めてみました。「イヤーマフ」というのは、防音用のシンプルな耳あてで、雑音を減らすことができ、自閉症のお子さんにも使うことがあります（＊1）。これを学校に持ち込むために、担任の先生に相談したところ、「あまり見慣れないものだから、クラスの子たちに説明をしたい」とお願いされ、一年生の子たちにも受け入れやすいよう、次男の気持ちの負担が軽くなるよう、考えながら、次のようなお手紙を書きました。

【イヤーマフのお願いの手紙文】

「1ねん◯くみのみなさんへ

こんにちは。◯じろうくんのおかあさんです。じつは、◯じろうくんは、とってもみみがよくて、いろんなおとがきこえすぎて、つかれてしまうことがあります。それで「イヤーマフ」という、みみあてをします。めがわるいひとはメガネをつけるし、かふんしょうのひとはマスクをつけるのとおなじだね。だいじなおとはきこえるから、いつもどおりたのしいおはなしをしてね。ごきょうりょくおねがいします」

この文章に、人気アニメのキャラクターのイラストを添えて渡したところ、先生がクラスのお子さん達に読んで下さり、「そうなんだー、耳がいいんだね～」って、みんなとても素直に受け止め、分かってくれたそうです。

シャイな次男ですが、給食や音楽の時間など、ちょっと騒がしい時に自分からつけたり、お友達が「イヤーマフつけたら？」と促してくれたようです。イヤーマフで少し音の負担を減らして疲れを取ることができ、次第にクラスにも慣れて来ると、イヤーマフは必要なくなり、忘れ物を繰り返しチェックすることも収まりました。

今でも、音楽や学習発表会の練習が続くと、疲れを溜めてしまうことはあるようですが、そういう時期は、帰宅後なるべく静かに一人でマンガを読んだり、ヘッドフォンで好きなゲーム音楽などを聴いたりして、自分で耳を癒しています。

（＊1）うちではペルターの「PELTOR 3M」というイヤーマフを愛用

56
時間割を書いてこない↓
連絡帳は選択○つけ式なら書ける

書字障害と不注意性のある長男は、連絡帳を書いて帰らないことがよくあります。**でも、あらかじめ、主な教科と定番の宿題や持ち物を書き出し、余白をつけて詳細や例外を短く書き込めるようにした「フォーマット」を作って、○をつけるだけの選択式にしたら連絡帳を書くようになりました**（＊1）（7ページ⑰）。これを毎日使えるようたくさんプリントし、クリップボードに挟み、一日1ページ「選択○つけ式」で記入できるようにしています。家では、それを見ながら翌日の準備をし、準備が終わったら外し、次の新しいページを一番上にして、学校に持たせています。

それでも時間割を書くのを忘れたときは、「時間割どおり持っていく」というルールを先生と決めました。先生や友だちに自分で電話し、確認することもあります。

（＊1）このアイデアはFacebookでうちの長男と似たようなお子さんをお持ちの朋恵さんの投稿をヒントにしました。

57 ランドセルの中身がからっぽ↓「フタ用リスト」で忘れ物防止

持ち物は、「行き」は親がチェックできるのでいいのですが、「帰り」は親は無力なように思えます。先生の声かけが頼みの綱ですが、特別日課や行事のときはバタバタしているので、長男の「持ち帰り忘れ」が特に増えます。一年生の時には、ランドセルの中身がからっぽで帰宅したこともありました。

そこで、ランドセルのフタの裏に入る「持ち帰りリスト」を作って、入れておきました（7ページ⑱）。イラストで、毎日持ち帰るもの、週末に持ち帰るもの、季節や天候次第で持ち帰るものなどを整理して描きました。そして、水筒のお茶をもし持ち帰り忘れたら、次の日は「飲まないですててね」などの「どうしたらいいか」のメモも添えています。こうすれば、帰りの支度の時に必ず目に入ります。

58

ドロドロの上ばき、カピカピの水着
↓
透明の「丸見えバッグ」にする

　「ランドセルのフタリスト」で「からっぽ」はなくなったものの、週末の上ばきや体育館シューズ、プールの時期の水着などは忘れやすく、今でもドロドロ、カピカピになって戻ってきます。**そこで、「手さげ袋」をプールバッグと同じ透明のビニール製のものに変えました（8ページ⑲）。**これなら、中身がひと目で分かるので、本人も気づきやすいし、からっぽだと先生や周りのお子さんも声をかけてくれやすいです。

　長男は開放感を好むタイプなので、この「丸見え」系が合っているようで、他にも筆箱やお財布なども、透明かメッシュのものにしました。学校の机の中に入れる道具箱も最近崩壊したのを機に、事務用品にあった、A4の印刷用紙などを入れるための厚めの透明ケースを「透明道具箱」として、代用しています。

59 プリントがくっちゃくちゃ↓ 出し忘れにはタグと手順カード

毎日、長男のランドセルの底からは、くっちゃくちゃの宿題用のプリント、テスト、学年便り、提出期限の過ぎた申し込み用紙などが出てきます。そういった「大事なもの」は、連絡帳と一緒に、学校指定のジッパー付きのビニール製の透明ファイルに入れることになっているのですが、全く活用できていませんでした。

そこで、当時の担任の先生がそのファイルの袋に紐をつけて下さいました。これをいつも学校の机の横のフックにかけておき、プリント類を配ったその場でファイルにしまうように声かけして頂いて、くちゃくちゃにならずに済むようになりました。

逆に、学校に着いてから、先生に提出物やプリントを出し忘れる、ということも多くありました。

長男の出し忘れの原因には、「忘れる」ということの他に、「いつ、どこに出すかが分かっていない」という盲点がありました。そのため、連絡帳で先生に提出物を出す場所・タイミングを聞き、提出の手順を箇条書きにしたカードを作り、ファイル袋に貼りました。そうすると袋をランドセルから出した時にそれが目に入るようになり、具体的にどう行動すればいいかが分かります。

そして、表がオレンジ色で、裏が白色のカードを作り、表にマジックで「連絡あり」と書き、裏に「連絡なし（宿題は出してね）」と書きました（8ページ⑳）。これを、提出物がある日はオレンジ色、ない日は白色の面を表にできるように、提出袋の表面にポケットをつけました（ポケットは、提出袋に市販のソフトカードケースを両面テープで貼り付け、カードをなくさないよう、カードと提出袋に穴を空け、カードを出し入れできる長さにしたヒモで結びつけました）。

その上で、提出物がある日は、学校に行く前に、カードを指さして見せて「これ見て。申込書、先生に出してね」と声かけしてからしまっていたら、「最近ちゃんと提出物を出してくれています」とご報告頂けるようになりました。

60 運動会やゲームに参加できない↓ 「自分用プログラム」で安心させる

運動会が近づくと、うちの子たちは皆荒れ始めます（笑）。特に長男にとっては、一年で一番ハードルの高い行事です。毎年のことなので、私も予定を少なめにして、スタンバイして構えています。

うちの子の運動会が苦手な理由は、「イレギュラーな日課が続く」「残暑の中、体温調節が苦手」「秋口はアレルギーも出やすい」「勝ち負けへのこだわり」「身体接触が多い（触覚の過敏性）」「ピストルの音や、音楽などの大音響（聴覚の過敏性）」「身体の使い方が不器用で、クラスの足を引っ張ってしまう」など。

他のお子さん達も暑さの中頑張っていますが、うちの子たちにはとても負担が大きく、毎年この時期は荒れ気味・疲れ気味で、行き渋りなどを毎日なだめながら登校させる、私にとっても試練の時期です。

特に、一年生の初めての運動会は、なにが起こるのかが全く分からず、不安な気持ちが強くありました。そこで、「自分用プログラム」を作ったところ、少し落ち着いて参加できたので、運動会の流れに慣れた今でも、毎年作って当日持たせています（8ページ㉑）。もしオリジナルを作るのが難しければ、学校から配布された父兄用のものにふりがなを振って、メッセージを添えるだけでもいいと思います。

【自分用プログラム作成のポイント】

・朝、家を出てから、帰宅するまでの流れを書く
・家族はどこから見ているか、お昼の待ち合わせ場所など
・見て分かりやすい言葉での競技の種目名
・参加競技、応援時の待ち方、集合場所とタイミング、トイレチャンスなど
・「もし負けたらどうすればいいか」も書くか、事前に話しておく

ゲームなどで勝ち負けが受け入れにくい子は、負けるのが悔しいだけでなく、「勝っ

たら◯◯できる」ことは分かっていても、負けた時には一体どうしたらいいのか分からず、パニックになってしまうこともあると思います。

そんなタイプの長男には「1番以外の人は、言われた色の旗の後ろに並んで待てばOKだよ」「もし負けても、席で××くんのクラスを応援すればOKだよ」「もし転んでも、次の人にバトンを渡せればOKだよ」などを伝えるだけで、大分安心しました。本人用のプログラムを持たせていることは、担任の先生にも伝え、紛失やパニックなどの時にフォローして頂けるよう、お願いしています。

事前の練習でも、暑さと身体接触や大音響などで、長男も次男も疲れを溜めてしまうので、この時期は家ではなるべく休ませるようにして、体調を整えています。

苦手な行事もハードルを下げて、毎年なんとか参加賞です。うちでは特にこの時期、「ポイント手帳」のポイントUP作戦が大活躍です。

また、運動会と並んで長男が苦手なのは、レクリエーションの一環として時々行われる「ゲーム大会」。クラスや他学年の生徒同士親睦を深める「お楽しみ」のはずのゲーム大会は、長男にとって、予測のつかないことだらけの不安と混乱の時間です。

一年生の時には、最初の順番決めジャンケンで負けると、ゲーム自体の参加を放棄

1 接し方の基本編
2 伝わる方法の基本編
3 家の中の工夫編
4 おでかけの工夫編
5 学校・園生活の工夫編
6 学習サポート編
7 頑張り過ぎ編

してしまい、泣きながら廊下に飛び出してしまいました。ルールや流れが複雑なことは「フローチャート」を作って、ひと目で全体像が分かるようにして、ここでも「もし、負けた時にはどうすればいいか」を伝えることで、混乱を防ぐことができます（9ページ㉒／ダウンロード可）。

ポイントは「どうしても参加できない時は、こうして待てばいい（例：「終わるまで○○で静かに待っててね」）**」ということまで書くことです。**

廊下で泣き暴れるよりは、教室の中のイスに座って待てれば、全体の進行に迷惑をかけることを避けられますし、「全員強制参加」の負担感が和らげば、気持ちに余裕も生まれてかえって参加しやすくなると思います。そして、ゲームの結果にかかわらず、もし参加できたら「ありがとう」、参加できなくてもおとなしく待てれば「よくがんばったね」なんです。

私は、負けず嫌いは、意欲と「勝つ自己イメージ」の強い証拠だと思っています。自分の予想したイメージと違うから、自分自身に腹が立つようです。

でも、ゲーム自体に参加しなければ、勝つ喜びもありません。まずは順番決めのジャンケンからです。

6章

学習サポート編

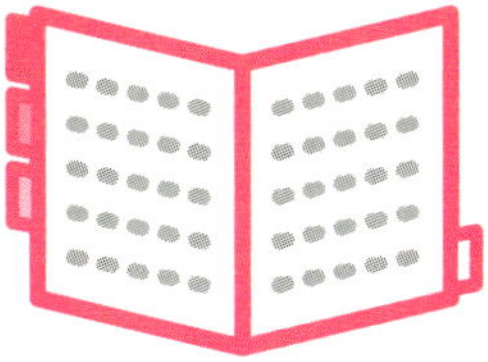

61

教科書を開くのが遅い
↓
インデックスですばやく開ける

ある日の授業参観。ガチャガチャバラバラと一人忙しそうな長男。ゆっくりページを確かめながらめくる次男。皆はもう教科書を開き終わっているけれど、しょうがないです。好奇心旺盛なのは長男のいいところ、丁寧なのは次男のいいところです。

そこで、先生に言われたところをサッ！と開けるよう、教科書にインデックス（見出しシール）をつけました（9ページ㉓）。単元の内容と裏にページ番号を書いて、シールをずらして貼ればひと目でページが分かります。

シャイな次男には、教科書の単元の最初のページの「フチ」をマーカーペンで塗れば、目立たずに目印になります。インデックスをつければ、落とした鉛筆を拾っていても追いつけます。小さな工夫で、ちょっとだけスピードアップできます。

62 不器用さん、うっかりさん、あわてんぼさん ↓ 使いやすい道具を選び改造する

いわゆる不器用だったり、うっかりさんや、LD（学習症／学習障害）がある場合などは、使いやすい道具を選ぶ・改造することで、落ち着いて課題に取り組みやすくなります。

鉛筆・キャップ

よくなくす時には通し番号を振る、並べると絵が出るようにする、マスキングテープなどで自分のものだとわかるよう目印をつける、など。鉛筆キャップも、四角や多角形のものだと転がりにくい。

筆箱・ペンケース

探し物、忘れ物の多い長男には、透明のジッパー式のペンケースにすることで、ガサッと入れても中身がひと目で把握できる。チャックを閉め忘れても中身が飛び出ないものが良い。忘れ物対策で、道具箱には予備の小さなペンケースも入れてある。

直定規・三角定規

ズレたり滑ったりする場合、市販の滑り止め加工つきの定規もあるが、裏側にボールペン用の修正テープを貼ることでも滑りにくく簡易改造できる。長く使う場合は、両面テープで薄いゴム（薄手のゴム手袋を小さく切ったものなど）を貼るといい。

分度器（9ページ㉔）

分度器は、外側と内側に逆方向の目盛りがついている場合が多く、どちらの目盛りを見たらいいのか分からず混乱する時がある。その場合、本人の見やすい側を残し、不要な目盛りをマイナスドライバーで削って、一方向にする。目がチカチカする、小さな目盛りの線が読みにくい、などで正確に角度を把握しにくい場合は、赤い刺繍糸などを0度から中心点までテープで固定してつけると、測りやすくなる。また一方向に目盛りが進み360度測れる「全円分度器」（ORIONS）も分かりやすい。

ノート・自由帳

ノートは指定がなければ、書字障害のある子は、大きめのマス目のものを選ぶ。漢字書き取り等の負担が大きい場合は学校と相談して、漢字ノートに文字数の少ないものを使わせてもらうと良い（漢字練習の詳細は後述します）。

リコーダー

リコーダーの指の穴の周りに、おもちゃのスイーツ（クラフトスイーツ）を手作りする時に使用する、シリコン製のチョコレートペン等で縁取りすると、穴の位置が手探りでも分かりやすくなり、目立たない上、押さえやすくなるため、少し指がずれても音を出しやすくなる。

縄跳び

市販では、持ち手の部分に縄を回しやすくするベアリングと、回転を安定させるチューブがついている「検定名人」（カシマヤ）が使いやすい。普通の縄跳びも補助軸を縄の中心につけて、縄の回転を安定させれば跳びやすくなるため、Facebook仲間の森田さんのおうちでは、新聞紙を縄の中心に巻き付けたそう。また、10㎝程度に切ったストレッチ用のゴムチューブや、細めの園芸用のホースを、一度持ち手を外してから縄に通すことでも代用できる。

カサ・折りたたみガサ

折りたたみの作業が難しい子は、学校に常備しておく置きガサには、市販の二段式やボタン開閉式の折りたたみガサが簡単・便利。カサをよく無くす、壊す長男タイプには、100円の透明ビニールガサが視界も広くて最適。

体操袋

体操袋は、バランス感覚の弱い子には、ランドセルの上から背負うこともできる、両手の空くナップザックタイプがおすすめ。体操袋やくつ入れ、コップ袋などの布の袋類には、入れる中身をイラストで描いた布を表に縫い留めたり、中身一式を撮った写真を家庭用プリンタで転写できるアイロンプリントを使って、袋の表にアイロンで貼りつけると、何を入れるかがひと目で分かり、しまいやすくなる。

習字道具

墨だらけ対策には、「洗濯で落ちる墨液」（サクラクレパス）などがおすすめ。小筆が苦手な子は、慣れるまでフェルトペンや筆ペンで大目に見てもらうのも手。そうきんは、余分に習字セットに入れておく。

63 ノートを全然取らない！→「教科書ノート」を作る

板書が苦手な子どもには理由があります。例えば、**「黒板からノートへの視線移動や遠近感の調節が苦手」「短期の記憶力が弱く、手元に写す間に、読んだことを忘れてしまう」「文字を正確に認識できず、手書きの文字が読みづらい」「不器用で、書くことに時間がかかる」「集中力に偏りがあり、ぼーっとしてしまう」**などの可能性があるかもしれません。決してさぼっているわけではないのです。

現在長男は、学年が上がっていくと、授業の進行や周りのお子さん達の作業スピードについていけず、戦う前に戦意喪失。ノートを取らなくなってしまいました。苦手なことは「しゃあない」なので、私にできそうなことを考えて、家庭でできる地道な療育あそびを続けながら、段差を少しでも和らげる工夫をしました。

1 接し方の基本編
2 伝わる方法の基本編
3 家の中の工夫編
4 おでかけの工夫編
5 学校・園生活の工夫編
6 学習サポート編
7 頑張り過ぎ編

板書の負担が大きい場合、ノートに教科書を拡大コピーして切り貼りした「教科書ノート」を作って、視線移動と書く量を効率よく減らしてあげると、少しノートが取りやすくなります（10ページ㉕）。うちでやったのは算数だけですが、教科書を全部120％程度に拡大コピーし、それを解答欄やメモ用の空白スペース（苦手なところは1ページ2問程度に大きめに取る）を空けて、ノートに切り貼りしました。

これで板書の量も減り、文字も見やすくなって、授業中に式や筆算に解答をする時も、印刷された式・筆算の下に直接書けばいい（＝元の問題をノートに書く必要がなくなる）上、教科書を出さなくて済むので、ずいぶん楽になったと思います。

そして、さらにもう一手間。軌道に乗るまで、毎日ノートをチェックして、少しでも書いてあるところに楽しいスタンプを押し、「ノート書けてるね！」と言葉で伝えたり、「約束守ってくれてありがとう」とコメントを書いたりして、「ノートを取る」という当たり前のようなことをほめ、書けなかった時は「ノートを少しでも書いてくれると、今どこをやっているか分かるから、かあちゃんは助かるんだけどな」と声かけしました。誰も見ていないと、やる気でませんよね。

少しずつですが、長男は再びノートを取りはじめました。

64 漢字を訂正されることを嫌がる ↓ 「ほめほめ作戦」を先生にお願い

視覚的な情報の受け取りの良い長男は1年生の時、先生の漢字の丁寧で細かな訂正に大きく傷つき、すっかり自信とやる気をなくし、国語のある日は休みたがるようになってしまいました。

長男は、漢字のカドやトメ、ハネ、ハライが認識しづらいようです。視力には問題ありませんが、数字の2をSの逆のように書いたり、カド部分も、はっきりしない丸っぽい文字を書く特徴がありました。なぞり書きや、点つなぎのワークなどで、だんだんとカドを認識できるようになってきましたが、当時は、カドやハネを訂正されても本人は違いが分からないので、「どこをどう直していいのか、分からないよ〜!」と、パニックになって、泣き出したり怒ったりしていました。

こういった感覚は伝えなければ分からないことなので、先生は全く悪くありませんし、私もこの「困り」に気づくまで時間がかかりました。

そこで先生に事情を話して協力して頂き、間違いは訂正せず、×も書かず、できているところだけ◯をしてもらえるようにお願いしました。幸い先生はよく理解して下さって、柔軟に「◯太郎くんにいい方法は、他のお子さんにもいいと思うので、クラスで『ほめほめ作戦』でやってみますね！」と言って下さいました。先生が漢字書き取りのノートを、丁寧に訂正する添削から丁寧にほめる添削に変えてくれたことで、長男の気持ちも少しずつ和らぎ、なんとか登校できるようになっていきました。

私も家で「ほめほめ作戦」をいっぱいしました。字がちょっと間違っていても「かあちゃんは◯太郎の字、優しくって正直な感じがして大好きだよ」とほめまくりました。長男は今でも漢字に苦手意識はありますが、じっくりよく見て形を意識しながら、ゆっくり丁寧に時間をかければ、カドが書けるようになりました。

このほめほめ作戦は他のことでも応用でき、周りから注意されたり、失敗することが続いて自信をなくしている時に、小さなことでも「ここはできたじゃない」「よく頑張ったね」とほめまくって、徐々に自信を回復させてあげることができます。

65 宿題に取り組めない ↓ 「できる範囲」でつき合う

学習に対する理解力が十分ある子でも、ＬＤ（学習症／学習障害）の特徴を併せ持っていると、字を書くのが苦手だったり（書字障害）、文字が読みづらかったり（読字障害）、単純な計算ができなかったりして（計算障害）、例えばテストで「答えは分かっているのに、字が思い出せずに書けない」など、本人も親も悔しい想いをしていることがあります。これは本人の「努力不足」などでは決してありません。

私は以前、体質的な特徴への理解不足から、学習へのハードルが高い状態の長男に、毎日「いつになったら宿題やるのッ！」と怒りながら宿題をやらせ、ますます勉強嫌いにしてしまいました。宿題の時間が嫌いだと、勉強も嫌い、学校も嫌い、となってゆく可能性もあります。

1 接し方の基本編
2 伝わる方法の基本編
3 家の中の工夫編
4 おでかけの工夫編
5 学校・園生活の工夫編
6 学習サポート編
7 頑張り過ぎ編

とはいえ、親にとっても毎日の宿題に根気よくつき合うのは負担が大きいことですよね。私も「子どもを勉強好きにさせるには、勉強している時に怒らないこと」と頭ではよく分かっているのですが、いつになってもちっとも宿題に向かわない、ようやく取りかかっても集中できない、途中で投げ出す、時間がかかる……そんな子どもの姿を前に、今でもイライラとしてしまいます。

あの手この手で宿題につき合って、「できれば」「なるべく」怒らないように工夫していますが、それでも無理なときは「まあ、しゃあない」です。怒った分は少しでもできたところを多めにほめて埋め合わせします。

こちらの「ほめライン」を下げて、雑でもとにかく終わればよし、とか、数行だけ丁寧に書ければOK、など、少しでも「できたね!」とほめ・認めていきます。ただ、あまりに子どもの負担が大きい場合は、量を減らしてもらえるよう、担任の先生に相談するのも一つの手です。

お母さんのペースでいいから、「できる範囲で」毎日宿題につき合ってくれた姿は、きっと、その子が大きくなったときの励みになると思います。

66 あちこち気が散る↓「ついたて」で集中できる環境に

「親に見守られながらのリビング学習がいい」なんてよく聞きますが、うちの現実は、テレビやゲームやマンガの刺激と、他の兄弟妹からの遊びの誘惑に溢れていて、やっと宿題に取りかかったと思っても、子どもはついつい目移りします。

そこで、隣り合わせている兄弟の机の両端と間に、DIYで「ついたて」を作り、子ども机を個室ブース化しました（10ページ㉖）。ついたてに市販のデスク用のパーティションを買ったり、家具の配置を変えたり、天井取り付け型のカーテンレール、突っ張りポール、フック等で、カーテンやのれんを下げるなどしても、工夫次第で個室ブースを作ることができます。環境を調節して気が散らないようにしてあげれば、宿題がなかなか進まないことへの親のイライラも軽減されます。

67 宿題七つ道具1 できない！ 分からない！

「色鉛筆」でかあちゃん先生

ネコ型ロボットならぬ、母型ロボットの如く、子ども達から「かあちゃ〜ん、宿題できないよ〜」と泣きつかれれば、テテテテーン！ と、かあちゃん先生のひみつ道具の登場です。これらを駆使して、毎日の宿題をサポートしています。

私の宿題サポートの一番の基本は、水色の色鉛筆（Tombow 製）です。学校の先生は赤ペンを使いますが、かあちゃん先生は長男の好きな水色で書き込みをします。漢字の下書き、計算用のマス目の補助線、大事なキーワードを◯で囲む、音読の行にラインを引く、ヒント、花マル、ほめコメント……二人三脚でつき合っています。

先述の通り、長男は一年生の時、漢字書き取りを泣くほど嫌がって、まったく取り組めませんでした。そこで、私が漢字ノートに水色鉛筆で下書きをし、「なぞり書き」にすれば、なんとかがんばれるようになりました。

得意なはずの算数も、字が乱れて筆算のケタがそろわずに足し間違える、単位の小さな文字が書けない、などで投げ出していたので、それもサポートしています。マス目や補助線を引けば見やすくなりますし、小さな単位も下書きで書けます。

また、音読の宿題も教科書にラインを引いたり、単語を○で囲んだり、区切り線を入れれば、読みやすく、意味を理解しやすくなります。国語の文章問題など、単語や文章で記入する時に、解答欄のスペースに答えが収まらずに困っているときは、「○○」と文字の大きさの目安と文字数のヒントを出します。

苦手な作文や絵日記には、「今日、□で、□と、□しました」というように、穴埋め式のフォーマットを書いてあげれば「楽しかったです」の一行で終わらずに済みます。

少しでもできたところには、花マルやほめコメントを書き入れます。長男は視覚的にほめられると、とても嬉しいようです。「字を書くこと」への負担感を減らせば、落ち着いて取り組めます。お母さんが伴走してくれると、苦手なことも、ちょっとだけ頑張れます。

68 宿題七つ道具2 読む・書く、が苦手↓

「ルーペ」と「コピー機」で拡大

書字障害・読字障害のある子だけでなく、小さな字が並んでいるとやる気をなくす子や「難し過ぎて分かんない！」と投げ出す子にも、拡大作戦は有効です。

手軽なのは、拡大ルーペを使ってしまう方法です。うちでは、机に置いてハンズフリーで使用できて、角度を自在にグネグネと調節できる、大きな画面の拡大ルーペ（＊１）を使っています。

また、漢字ドリルからノートへの書き写しなどで、特定の方向の視線移動が苦手な場合、１００円ショップの書見台（ブックスタンド）などを使ってドリルを立て、拡大ルーペを置けば、とても書き写しが楽になることがあります。

くわえて、プリントの解答欄が狭い時、作図がしにくい時、情報量が多過ぎると感じる時など、コピー機として単体でも使える複合プリンターを使って、ピンポイントで拡大コピーして、ノートやプリントに切り貼りしています。

さらに、視覚の過敏性がある場合、「フォント」や「紙の質」「光源の色」を調節することで、読みやすくなることもあります。特に明朝体は線の幅が均一ではなく、文字のハネやハライが目に刺さるように痛く感じたり、浮いたり立体的に見えてしまうお子さんもいるようです。本人が読みやすいフォントを見つけるといいと思います。

プリントするときも、テスト用紙のような蛍光白色の紙は、長男も眩しくて見づらいようで、わら半紙のような黄色っぽい紙のほうが、視覚の過敏な子の目にも優しいようです。見やすい色は子どもによって違うようですが、「光源」も調光式にしたたり、電球の色味を変えてみたりすると、文字が少し読みやすくなるかもしれません。

プリンターは写真を使った支援や、ダウンロードできる支援ツール、インターネットで調べたことのプリント、各種のフォーマットや原稿用紙などの印刷に、一台あると大活躍で、サポートの幅が広がります（プリンターをお持ちでない場合は、街角プリント、ネット注文でコンビニ出力のサービスなどでもなんとかなります）。私は「HP Photosmart 5520」（ヒューレットパッカード）を使っています。

（＊1）「MIZAR-TEC スタンドルーペ」

69

宿題七つ道具3　手順や漢字の暗記が苦手
↓
「学習サポートカード」を使う

長男は、漢字や、筆算の計算の手順、九九などの、いわゆる「丸暗記」が苦手なようです。また、覚えていても思い出せない、ということも多く、ひらがながパッと出てこなくて、自分でももどかしくイライラしてしまっていました。覚えることと思い出すことは、別のスキルが必要なのだそうです。

これは、短期の記憶力（ワーキングメモリ）や脳と手先の連携などの体質的な弱さが原因で、本人の「努力」ではなかなか乗り越えられないことです。

問題が解けても、字が思い出せないと書けません。そこで活躍したのが、私が自作した、次の3種類の「学習サポートカード」です（10ページ㉗／ダウンロード可）。

「かな・漢字サポートカード」……ひらがな50音表と、教科名や定番の宿題、連絡帳でよく使う漢字や、数字と単位や位など算数の解答によく使う文字の一覧表
「学年別漢字表」……小学校全学年の漢字1006字を、学年別にまとめたもの
「わり算の筆算手順カード」……わり算の筆算の手順を、記号的に示したカード

これらをハガキサイズでプリントして、ラミネートでパウチし、リングで綴じて、学校にも携帯して授業中に参照できるようにしました（テストの時は、不都合があれば預かってもらえるように担任の先生にお願いしています）。

また、通信教育や幼児雑誌の付録、学習ポスターや下敷き、教科書のコピーや切り抜きなどでも似たものが手に入るので、使いやすいように縮刷するといいと思います。長男は、ひらがなは何度も参照するうち、今ではなくても大丈夫になりました。

現在、家での宿題では、A4サイズにプリントした漢字表や九九表などを参照しながらやっています。文字や九九が「出てこない！」というイライラが減るので、少し落ち着いて取り組むことができます。

70

宿題七つ道具4 量が多いとできない↓

「下敷き」でやるところだけ出す

　次男は、問題が並んでいるのに圧迫感を覚えるようなので、**算数ドリルや計算問題のプリントなどは不透明の下敷きを二枚使って、解く問題だけを出しています。**

「やっているところだけ出す」は、下敷きだけでなく鉛筆でも応用できます。例えば、長男の苦手な筆算なども、計算している部分以外は、私が鉛筆で隠して、ひとケタひとケタやればできるんです。なかなか捗らない、苦手意識の強い宿題にやっています。簡単にプリントを半分や4分の1に折って、量を少なく見せる方法もあります。また、方眼掛けの下敷きも、プリントの下に敷けば、ガイドラインが透けて見えるので筆算の式を書いたり、解答欄に文字を書いたりする目安になります。

　膨大な問題も、ひとつひとつやっていけば、いつかは終わります。

71 宿題七つ道具5 うちの子、勉強ができない!? 子どもに合った方法なら分かる！

子どもが、先生の話を聞いていないから分からない、聞いていても分からない、教科書を読んでも分からない、たくさん書いても覚えられない……だからと言って、「勉強ができない子」と決めつけるのはちょっと早いです！

私は今では「うちの子には、従来型の読み書き中心の授業・学習スタイルが合っていないだけ」だと思っています。 その子に合った学習法を探り当てるまで、「やればできる子」と信じて、いろんな方法を試してみるのがいいと思います。

耳からの情報を受け取るのが苦手だったり、文字を正確に認識できなかったりする子は、目からの情報や、触って得られる情報の受け取りが良いかもしれません。また、授業がつまらなくて、教科書に落書きしたり、立派なパラパラマンガを作ったりできる子は、興味のある方法なら、人一倍集中できる可能性もあります。

宿題が捗らない時も「実物」を見せれば分かりやすいので、臨機応変におはじき、積み木、お菓子、折り紙、モール、カレンダー、現金などおもちゃや日用品を駆使して繰り上がりや図形などを教えることができます。「実物」を実際に触って、切って、食べて、両替えすることで、「あ！　分かった!!」というひらめきが得られます。

また、市販されている教具・知育玩具の中にも優れたものはたくさんあります。うちでは、一列10玉×10列で分かりやすく、カラフルで立てて置ける「100だまそろばん」（学研）や、磁石の入った駒に数字やひらがなが書いてあって、数の理解や言葉遊びができる「すうじ盤」と「あいうえお盤」、円のピースを使って遊びながら分数に親しめる「おやこでいっしょに！　はじめての分数パズル」（以上、くもん出版）、三角形や正方形のプレートの全ての辺に磁石が入っていて、自在にくっつけて形遊びができる「ピタゴラス算数」（ピープル）などをヘビロテしています。

下の子達も「おもちゃ」として、兄の宿題用の手作り教具や知育玩具で一緒に遊んでいるうち、知らず知らずの間に勝手に伸びてきています。私は、この子に合った方法なら、本当は「できる子」なんだと、自分自身にいつも言い聞かせています。

72 宿題七つ道具6 集中できない↓「ガム」と「音楽」ではかどる

最近の海外の研究で、**「ADHDの子どもが学習するときには、足でリズムをとったり、足をぶらぶらさせたり、イスをゆらしたりすることは必要な行為」**との結果がでたそうです（米・セントラルフロリダ大学の発表、記事は「Labaq.com」より引用）。学習をする際、じっと座っているよりも、身体を動かしたり、何かをしたりしながらのほうが、学習効果が高い子がいるのだそうです。それ以前より実感していた方も多かったようで、私はこの記事を読んで「これだ！」と思いました。

そして早速、宿題の時に比較的落ち着いていても、爪や服のソデをくちゃくちゃと噛んでしまう癖がある長男の口に、キシリトール入りの甘くないガムやフリスクを入れてみたところ、すごく気に入り、家では爪を噛むことも減り、落ち着くようで、宿

1 接し方の基本編
2 伝わる方法の基本編
3 家の中の工夫編
4 おでかけの工夫編
5 学校・園生活の工夫編
6 学習サポート編
7 頑張り過ぎ編

題への取り組みがかなり良くなりました。

次男も以前から「好きな音楽を聴いていると、宿題がすいすいできる」と言っており、CDプレイヤーやニンテンドーDSなどで、ゲームミュージックを聴きながらだと、ノリノリで素早くできることもあります。大人でもラジオを聴きながら仕事をする人もいますよね。

また、単調な宿題や、苦手な宿題の時、次男の背中をずっとかいていてあげると、あまりネガティブな気持ちにならずに済むようです。毎日宿題の時には「かあちゃん、背中かいて〜♡」と言われます。

後、座卓で宿題をする時に、お尻をモゾモゾしちゃう場合などは、100円のゴムボールや、ドーナツ型のバランスクッションを、イス代わりに使っています。確かに動いていたほうがいいみたいです。

従来型の「じっと座って勉強する」では学習の効率が良くない、動いた方が集中できる、というタイプの子もいるんです。

73 宿題七つ道具7 興味が持てない ↓ IT機器は強い味方！

今年の夏休みより、長男と次男はPCを始めました。また、通信教育のタブレット（Benesse「チャレンジタッチ」）や、スマホ（うちは「iPad」）、デジカメも学習の補助としてよく使っています。紙の上では分からないこと、興味を持てないことも、動画なら分かりやすく、興味を持つことができます。また、**宿題や自己管理に、次のような形でデジタルグッズをフル活用しています。**

・ゲームがなかなか終われないときは、自分で終了目標時刻のアラーム設定をする
・「○次郎君、いつから宿題始める予定？」をボイスメモで録音、繰り返し再生
・PCのアラーム設定で宿題の開始時刻を告げる

・通信教育のタブレットの動画でさらっと復習
・興味の持てない、うまくできないところを検索し、九九やなぞり書きの楽しいアプリや、工作の作り方や跳び箱の跳び方などの動画、イラスト付きの説明や興味のあることと関連づけた話題の資料をプリントして使う
・テキストデータはＰＣやiPad標準搭載の読み上げ機能で、長文記事などに興味を持たせることができる。
・印刷物や手書きの短めの文章は、iPad・スマホで「google翻訳」のアプリなどをダウンロードして起動し、「カメラ」ボタンで印刷物のテキスト部分を写真に撮って、ハイライトで読みたい部分を選択すると自動でテキスト化され（縦書きにも対応）、それを「日本語音声」ボタンで読み上げてもらうことができる
・漢字ノートなど、学習の記録をデジカメに撮っておき、「前よりも小さな字が書けるようになったね！」など、写真を見せながら自分自身との比較でほめる

など、使いこなせば、ＩＴ機器は本当に強い味方です。

74 宿題がマンネリでめんどくさい！

宿題を面白くアレンジする

音読は、毎日出るのに変化の少ない宿題なので、「めんどくさ〜い！」とマンネリになりがちです。真面目に取り組めるときはそれでいいのですが、取り組みが悪くなってきたら、柔軟にアレンジしています。音読の目的は「教科書の内容を理解すること」だと思っているので、ここさえ押さえておけばヨシとします。

また、うちでは一年生は「計算カード」、二年生は「九九カード」という、単語帳のようなカード集を渡され、順にめくって答え、タイムを記録表につける宿題が出されます。これ、先生には申し訳ないですが、親が見ても本当につまんない作業です。言われた通りにやっていたら、親子で修行の時間になりがちなので、**うちでは「かるた方式」や「トランポリン」で、少々自由にアレンジしていました。**

【宿題アレンジテク】

音読を「読み聞かせ」にする

本人が大体内容を読めていれば、読み聞かせで「聞く練習」にしてしまうこともあります（こちらのほうが、長男には必要な課題です）。楽しい話を怖い口調で、悲しい話を明るく、ドラマチックな話を機械的な棒読みで、説明文は抑揚をつけたオーバーな表現でなど、変化をつけて読めば、興味を持って聞けます。母は女優です！　おっさんの声、おネエの声、赤ちゃんの声、関西弁もできます。

内容の「選択クイズ」にする

内容を理解しているか、が大事なので、単元の終盤に入ったら、音読の時間は「クイズの時間」になります。教科書を読み上げながら「では、主人公はどんな帽子をみつけたでしょうか？　1・素敵な帽子　2・赤白帽子　3・マリオの帽子」「答え、1番！」など、正解以外はちょっとあり得ないという選択肢を出します。本人の興味のあることやユーモアを交えると（回答はふざけますが）話を聞く練習になります。

計算カードはかるた方式

例えば、足し算のカードをリングから外してバラバラにして、机に並べ、私が「足して5！」と言うと、子どもが足して5になるカードをかるたの要領で探して取ります。「足して5」になるカードは、「1と4」や「2と3」などたくさんあるので、全部取れるまで待ちます。難しいときは「あと一枚あるよ」とヒントを出したり、私の手を正解カードの付近でうろうろさせたりして、促しています。ゲームの勝ち負けにこだわる子は一人でやってみて、大丈夫な場合は親や兄弟と対戦するのも楽しく（そして早く）できます。他にも工夫次第でトランプ風のゲームにアレンジもできます。

トランポリンで跳びながらやる

計算カードを家庭用のトランポリンで跳びながら行います。カードは本人が持つ場合と、離れたところで私がめくりながら行う場合があります。リズミカルにポンポン回答できるし、トランポリンで跳びながらだと、バランス感覚と動体視力を同時に鍛える療育あそびにもなるし、身体を動かしながらだと、長男はすごく楽しそうにできたので、一石二鳥、三鳥のオトクなワザです。

こんな風にアレンジすると、少々手間はかかりますが、集中してできるので、取り組み時間は大幅に節約できますし、マンネリの宿題が楽しみの時間になります。

75 夏休みの宿題の多さに気が遠くなる
↓
「宿題リスト」で一覧にする

膨大な印象のある「夏休みの宿題」などの課題は、一覧のリストを作ります（11ページ㉘）。全体像が把握できれば、見通しをつけるのが苦手な長男も、ゆっくりマイペースの次男も、計画的に宿題を進められ、母親である私も混乱しません。

うちでは、大きめの付箋に「日誌」「工作」「絵日記」など、項目を書き出し、食器棚のガラスに貼っていきます。さらにそこに小さな付箋で細かく課題を分けて書き、大きな付箋に重ねて貼ります。例えば、工作なら「作るものを決める」「材料をそろえる」「作る」など。それでも難しければ、「作る」をさらに細かく、「切る」「組み立て」「色ぬり」などに分けます。スモールステップにすれば、難しい課題も少しずつできますし、リストにすることで、課題の優先順位もつけやすくなります。

さらにうちでは、難しい課題順に付箋を色分けし、色別にポイントをつけました。10ptの赤の付箋は「自由研究」と苦手な「読書感想文」。5ptのオレンジの付箋は「工作」や「習字」「絵日記」。3ptの緑色の付箋は「夏の日誌一日分」。1ptの水色の付箋は毎日記録する「観察日記一日分」や「音読一日分」です。

リストを眺めながら、「今日はどれからやる?」と声かけし、課題ができたら、リストから「ポイント手帳」に付箋を貼り替え、ポイントと交換するシステムです。こうすることで、「大物」の宿題が結構早めに終われました。

そして、宿題に使う日誌やプリント、画用紙、原稿用紙などと、参考書籍や資料、文房具は、全部ファイルケースに入れて、兄弟それぞれひとまとめにすると、各々がやる気を出した時にそれらをサッと差し出すことで、チャンスを逃さずに済みます。

終わった課題は、全てひとまとめにA4の封筒に入れてしまうと、登校日まで無くさない上、達成感も得られます。私も、付箋でリストを作って、本書の執筆や家事の雑用をこなしています。こういうやり方は、今のうちから見慣れておいてくれると、いずれ自分の自己管理に役立つように思います。とても終わらないように思えるお仕事も、一つひとつ付箋を取っていけば、やり遂げることができます。

76

作文・絵日記・読書感想文が書けない↓
穴埋め作文とインタビューで出す！

ある夏休みの長男の絵日記。殴り書きで一行「キャンプ楽しかったです」と、帰り道に寄って食べたカレーの絵……。親としては「本当に楽しかったの!?」と言いたくなりますが、これはたとえ帰宅後すぐに書いても、本人は結構忘れているからで悪気はないんです。こういう場合にも、もう少し内容を充実させる方法があります。

まず、デジカメの写真を順番に見せながら記憶の手がかりを与えて、「こんなところに泊まったね。夕飯はバーベキューしたね」と声かけしながら、出発から帰宅までの間に何をしたのか一緒に思い出し、一番印象に残ったこと（テーマ）を選びます。場合によっては写真を拡大して、絵の資料にします。そして、指定された絵日記の用紙や、「夏休みの日誌」のページに、私が穴埋め式で作文フォーマットの下書きを水色鉛筆でしています。5W1Hを意識するといいと思います。

【作文・絵日記の下書きのフォーマット例】

「(題名)□

(いつ)○月○日 (どこで)○○高原の□に行きました。(誰が)□が、(何を)□を(どのように)□して、(どうした)□しました。

(感想)ぼくは、□と思いました。」

「型」が分かれば、それなりに形になります。絵も、写真を丸写しする必要はないですが、全体の印象や、細かな部分の色・形など、記憶の手がかりがあれば、芋づる式にキャンプ場の空気感や匂い、手触りなど、視覚以外の情報も表現が増えます。

また、たくさん字を書かなければならない、というだけで長男は戦意喪失してしまう「読書感想文」。**うちは、とにかく原稿用紙のマス目を埋めて、ギリギリラインでいいから何か書いて、提出期限までに間に合わせる**、という低めの目標設定で、下げられるハードルを下げます。まず次のように、子どもにインタビューをします。
例：「この本どうだった？」↓メモ↓「どのところが気になった？」↓メモ↓「そうかあ、なんでそう思うの？」↓メモ↓「これから実際にやってみたいことある？」↓メモ↓「どんな人に読んでほしい？」↓メモ

時々「それは○○ってこと～？」など、要点の確認を入れながら話を聞きます。

取れたメモを机に並べ、「どれが一番大事？」など相談しながら、並び替えて順番を決めます。そして、付箋につなぎの言葉（接続詞：「そして」「でも」など）を書き出し、ちょうどいいものを選び、順に並べたメモの間に貼って文章をつなげます。

あとは、これを原稿用紙に写すだけなのですが、結局、これが一番つらい作業になるので、大きめのマス目の原稿用紙を用意し、題や名前、出だしの形式を水色鉛筆で下書き（これでも書けなければ、全て下書き）です。

学校の許可があればパソコン出力もできますが、キーボード入力に慣れるまでは、音声入力機能を使ってメモを読み上げて大部分を入力し、誤字などを修正します。

書字に難のある長男ですが、作文・読書感想文はこれでなんとか提出できます。

77 自由研究がまとまらない！

写真と短文をコラージュで仕上げる！

自由研究は子どもと親のコラボ作品である、と先生方もよく分かってらっしゃるので、親が遠慮なく手伝います。子どもとテーマを決める時、「水の上を走りたい」とか「風船で空を飛びたい」とかムチャブリされたら、第二、第三候補も決めておいて、失敗してもいいから一応やってみます。**自由研究は手間のかかる宿題ですが、子どもの好奇心を広げ、いい思い出を作るチャンスと見ることもできます。**

【自由研究をなんとかそれらしいものにまとめるコツ】

・とにかく写真をたくさん撮る（写真がなければ画像、イラストを用意する）

・それを最大限拡大コピーする

・短くていいから、子ども本人がコメントと、解説文を色紙に書く
・拡大コピーとコメントを切り抜いて、親のセンスと気合いでコラージュする！

子どものコメントは、カラフルなマンガ風の吹き出しにすると、楽しい感じになります。「矢印」や「ビックリマーク」などのパーツを作って貼れば、ポイントが分かりやすくなります。平凡なカブトムシの観察も、台紙の大きさいっぱいまで拡大すれば、かなり迫力が出て見栄えがします。

台紙は、うちでは模造紙は「うまく巻けない、広げられない、破れやすい」という理由で扱いにくいので、大きめのスケッチブックを使っています。これだと、少しずつコツコツ仕上げることができ、発表の時も楽です。

今年は長男のパソコンの練習も兼ねて、ワードで文章の入力と簡単な編集作業を教えました。仕事に役立つ実践的な勉強が自由研究をきっかけにできました。友だちに「パソコンが使えてすごい！」と言われ、自信になったようです。

親が一緒に楽しんでつき合えれば、カブトムシを探し回って結局ペットショップのお世話になったのも、楽しい思い出になります。

78 宿題に取りかからない➡夢中か現実逃避かを見極める

子どものゲーム時間と宿題などの勉強時間とのバランスに、悩まれているご家庭も多いかと思います。長男・次男ともに毎日ゲーム三昧の日々。今はＰＣゲームの「マインクラフト」に夢中で、なかなか宿題に取りかかりません。

私は以前、ゲーム時間を厳しく管理していました。「タイムタイマー」など視覚的に時間が分かるものを使えばやめてくれやすかったので、「宿題が終わってから、ゲームは30分だけね！」という具合に、キッチリ計っていたのです。

小さなうちはこれで良かったのですが、長男が小学三年生になってすぐの頃、強くハッキリと私に意思表示をしました。「かあちゃん、オレはゲームをやりたいと言ったら、やるんだ！」次男「おれも！」……というワケです。子どもが強く「やりたい！」という自分の意思を持っていることは、（たとえゲームであっても）私の都合で制限したり、無理矢理抑え込んだりしないほうがいいと直感的に思いました。「ゲームをやりたい！」という子どものこだわりに対して、「ゲームをやり過ぎて欲しくない」というのは、親の私のこだわりだからです。

そのため、うちでは現在、ゲーム時間は特に制限を設けてはいません。子どもが大事にしている世界や価値観は、できるだけ尊重してあげたほうがいいと思い、「生きるために必要なこと（寝る・食事する・トイレなど）は、やってね」とお願いして、その日以降ゲーム時間の制限はなくなりました。

そうは言っても「ゲームをやり過ぎて、宿題に取り組めない」などは、親も困ります。この場合、「ゲームをやり過ぎる」ことと、「宿題に取り組めない」ことを分けて考えます。子どもが「ゲームをやり過ぎている」時、心から楽しくて好きで夢中になってやっているのか、それとも、向き合いたくない現実があってなんとなく続けてしまっているのかを、子どもの目や日頃の様子をよく見て見極めます。

目がキラキラしている前者であれば、子どもの世界に話を合わせた声かけをするといいと思います。長男は夢中になっていると遠くから大声で呼んでも聞こえないので、近くまで寄って頭や肩を軽くツンツンとして気づかせ、「あと何分くらいでセーブできそう？」「今なんのアイテム探してるの？　それ取ったら宿題始められる？」「何レベまで上げればOK？」など、ゲーム内容に合わせて子どもの都合を聞くようにすれば、こちらの話にも聞く耳を持ってくれます。

好きなことで満足して充電できれば、かえって宿題にもとりかかりやすいです。

でも、ただ「なんとなく」の後者の場合は「依存」「現実逃避」なので、たとえ私が強制的にゲームを取り上げたとしても、別のものに依存し、机の前に座っても手が動かず、ぼーっと過ごしてしまう可能性が高いです。そんな時は「お母さん、目が悪くならないか心配だなあ」など、身体を気遣う声かけをしたり、子どもの話を肯定的に聞いてあげたり、スキンシップを増やすなどの関わりをいつも以上に増やして、場合によっては宿題よりも、身体や心を休ませることを優先してあげます。

ゲームに限らず、なかなか話が通らない、言うことを聞かないと思ったときは、これは「親の課題か、子どもの課題か」や、子どものこだわりが「興味にあるのか、不安にあるのか」など、子どもをよく観察しながら、問題の本質を見極めるようにしていくと、根本的で効果的な解決法を思いつきやすくなります。

79 それでも宿題ができません↓

最後の手段は「二人羽織」！

子どもをあの手この手でサポートしても、宿題を、「ど〜〜〜〜〜〜〜しても！ど〜〜〜〜〜〜〜〜〜〜〜しても!! や・り・た・く・な・いッ!!!」……というときだってあります。

「もうかあちゃん知らんよッ！ そのまま持ってって、明日学校で怒られなさいッ！」なんて、つい言ってしまうこともありますが、結局、学校で休み時間返上でやったり、予想どおり叱られたりすると、本人の不満も募り、ますます宿題嫌い、勉強嫌いの悪循環にはまっていってしまいます。

これはほめられた方法ではないでしょうし、子どもの課題を私がやるのは「甘やかし」だと自覚していますが、どうしても気が進まない時に、私が一喝して強制的にやらせたり、問題を先送りして、雪だるま式に宿題借金地獄になって、勉強嫌いになるよりマシ！　と思ってやっているのが「二人羽織作戦」です。

うちでは「コクピット（＝操縦席）」と呼んでいますが、私のひざの上に座らせて、手を添えて鉛筆を持たせ、黒子の私が操縦して漢字書き取りを終わらせます。

こんなやり方でもメリットがあるとすれば、鉛筆の持ち方や漢字の書き順、トメやハライの手の動かし方を、かあちゃんのぬくもりと共に感じられることと、とりあえず宿題は終わるので、学校で叱られることが回避できる、というところでしょうか。

「自分でやり通す」ことに優先価値があるご家庭では、合わない方法かと思いますが、まあ、こんな親子もいます。

うんともすんとも動かない子でも、怒りながらやらせるよりは、温めながらやったほうが、勉強に対するイメージをこれ以上悪くしないで済むと思います。

最近は「宿題」を「お仕事」として、受け入れられるようになってきたので、あまりコクピットに乗り込んでは来ませんが、いつか「そう言えば、かあちゃんのひざの上で漢字書き取りしたっけなあ」と思い出してくれる日もあるかもしれません。

80

テストの点や成績表が頭痛の種

テストと成績表は無料の発達検査

テストの点や成績表が悪くても、それは子どもの「頭の良さ」を正確に測るものではありません。気にすることは全くないんです（……と自分自身に言い聞かせています）。**それより、見かけ上の点数や評価ではなく、テストや成績表を「発達検査・レポート」と捉えて、家庭でのサポートや療育に活かしていけばいいんです。**

知能検査や認知能力検査は、専門の資格を持った臨床心理士さん等が行います。医療機関であれば保険が適用されますが、民間機関等の場合は自費負担となります。そこへいくと、学校のテストや成績表は、無料でかつ頻繁に、自動的にやってくれます。これを、「うちの子専門家」のお母さんが、匠の目で分析すれば、結果を今後に活かしてゆけます。テストは「学校が勝手に無料でやってくれる発達検査」です！

そう思うと、長男の30点のテストでも、ありがたいものに思えます（笑）。

では、私が子どものテストのどこを見ているか、というと、「作業性」や「集中力」といった本人の「困り」です。例えば漢字テストで、字は書けたけれど、トメ・ハネや字形の悪さで×になることが多ければ、文字の認識力や指先の動きに「困り」がありそうだ、と当たりをつけます。「会う」と「合う」など、同じ読みの漢字を混同している時は、意味の理解があいまいで、図やイラストで意味の違いを教えてあげれば、区別がつくかもしれない、と考えます。解答欄が空白で、すっぽり抜けている場合は、記憶力やそれを思い出すこと、または集中することに難しさがあるかもしれない、と原因の目星をつけていくのです。

成績表も同じです。長男の成績表はABCの三段階評価でCがズラリと並んでいますが、ごく稀にAが混じっていたり、欠席日数の中に「サボり休み」がなかったり、クラスの友だちと係活動ができたりと、本人が「どこをがんばれているか」を見ます。

それと同時に、「先生が子どものどこを見ているのか」も分かるので、支援や学校との連携がうまくいっているか、の目安にもなります。先生が少しでも本人の良いところ、頑張れているところに気づいているのであれば、安心していいと思っています。「凸凹さん」の特性を、先生がある程度でも理解してくれていれば、当たり前のことを人一倍頑張りながらやっていることに気がつくからです。

そして大事なのは、×やCをもらったところよりも、できているところを見ることです。たとえ90点のテストでも、できない10点ばかりを見ていたら、80点、70点になっていくと思います。10点のテストでも、できたところや、惜しかったところ、取り組んだ気持ちなどをしっかり見て「ここまでは合っているね」「名前、書けてるじゃない！」「最後まで解答を書いているね」と声かけしてあげれば、20点、30点になっていきます。

私は、今までの子ども達のテストを全部取っておいて、「資料」と書いたファイルにしてあります。経過を見ることで、長男が1年生の時よりも、小さな文字や漢字のカドを書けるようになってきたことに気づきます。兄弟や他の優秀な子との比較ではなく、本人自身との比較で、成長をほめて認めていきます。

テストも成績表も、「困り」に気づいてサポートの方針を立て、少しでも良いところ、がんばれているところをみていけば、頭痛の種から芽が出るかもしれません。

81 先生が子どもの困りに気づかない➡本人が「何に困っているのか」を伝える

感覚の敏感な子の気持ちは、なかなか他人には想像しにくく、気づきにくいものです。先生も「何に困っているのか」や「本人がどう感じているのか」が具体的に分かると、対応しやすいようです。

例えば、**「工作は好きなんですが、糊《のり》と絵の具を触るのが苦手で、今日のフィンガーペインティングが心配なようです」**と、具体的に伝えるようにすれば、診断のある・なしにかかわらず、グレーゾーンの子でも、学校・園にできる範囲での対応や配慮をさり気なく求めることができます。私が遠慮している間、本人はひたすらガマンし続けてしまっている、ということもあります。困りを伝えれば大目に見てもらえたり、先生が気持ちを分かってくれるだけでも、負担感・不安感は軽減されます。

82

学校としっかり連携したい

「サポートブック」を作って渡す

　学校としっかり連携したい、毎年の担任の先生にノウハウを引き継いで欲しい、という場合「サポートブック」を作って渡してみるといいかもしれません。

「サポートブック」は、支援者（担任の先生や支援機関のスタッフさんなど）に我が子をサポートしていただく場合に、具体的な対応や話のきっかけのヒントになる、子ども本人の情報をまとめたものです。

　私が作った「楽々式サポートブック」（ダウンロード有）では、次のような内容を必要に応じて記入します（サポートブックの記入内容は配布機関等によって異なります）。

①**プロフィール**：名前、生年月日、家族構成、住所、緊急連絡先、かかりつけ医、相談先・支援機関

②**発達の特徴・特別な個性**：診断の有無、診断名、投薬の有無、薬名、発達・知能検査の有無、言葉の心配の有無、知的な心配の有無、多動性・衝動性・不注意性の有無、学習の困りの有無、感覚の過敏性の有無、言語理解の特徴、その他発達上の心配

③**検査結果のまとめ**：検査の種類、実施機関、検査年月日と当時の年齢、IQ値、特に優れた項目、特に心配な項目、全体的なバランスや発達の特徴、主治医または臨床心理士等の意見・助言のまとめ（またはコピーを添付）

④**人間関係MAP**：家族、同居・別居の親族、本人が心を開いている友人、よくトラブルになる友達、頼れる先生や近所の人など、人的な援助資源の書き込みMAP

⑤**発達の凸凹～体質的な得手・不得手～**：得意な行動・作業、苦手な行動・作業

⑥**いいところリスト**：できること・がんばっていること

⑦**すごいところリスト**：特技・とても詳しいこと

⑧**好き・嫌い**：好きなこと・もの、嫌がること・もの、落ち着くこと・もの
⑨**パニック・問題行動記録**：いつ、前の状況や要因、本人の行動、その時の対応
⑩**サポートの必要レベル**：生活面・学習面・社会面のサポートの必要性の程度
⑪**サポートテクニック集**：本人のつまずき、その困りの理由、サポート方法（家庭で実際に効果があり、学校でも対応可能なアイデアを、具体的な実例や声かけ例で書く。必要なら写真も添付）
⑫**引継ぎ時のサポートブック取り扱いの希望**：進級時等の引き継ぎの希望など

検査結果などの実際の資料を添付したり、第三者にチェックしてもらえると、説得力があり、信頼性の高いものになります。そして、先生と子どものコミュニケーションのヒントになるよう、少しでもできていること、がんばれていること、いいところ・長所や、特別な才能のあるところなど、ポジティブな情報は必ず入れます。

子どもの心配な面については「行動・困り」でみるようにします。「ワガママ」といった人格的な表現は避け、どんな具体的な行動が心配なのか、その背景にはどんな発達上の困りがあるのか、を書いていきます。お母さんの育児テクニック・うちの子

ノウハウは、対応の「実例・具体案」として伝えます。声かけなどもできるだけ具体的な台詞を書き、写真も添付したりするといいと思います。

進級等で担任の先生が変わっても支援のノウハウを活かして欲しい場合は、直接担任の先生個人に渡すのではなく、まず、特別支援コーディネーターやスクールカウンセラーなど、発達障害に理解の深い先生にアポイントをとって「サポートブックを作って渡したい」旨を相談し、内容をチェックして貰うといいと思います。

担任の先生に渡す際も、できれば管理・指導的立場の先生にご同席いただき、一緒に説明しながら手渡せるといいと思います。これは、継続的なサポートをお願いするのと同時に、担任の先生一人に過大な負担を強いることを避けるためでもあります。

家庭での対応はあくまで「参考」ですので、学校の集団教育の中ではそのまま取り入れるのは難しい場合もあります。私は、あまり多くを期待し過ぎず、実際の状況に合わせて、先生自らの判断にお任せする気持ちで渡しています。

「サポートブック」は、我が子をサポートして貰うことと同時に、支援者である先生もサポートするもの、という視点を持って作ると、学校と家庭がお互いにサポートし合う、良好な連携関係につながって行くと思います。

83

先生にどう伝えたらいいか分からない

具体的な困り・対応・感謝を伝える

学校と連携する場合、日々のやり取りは連絡帳が中心になりますが、問題が大きな場合や複雑なトラブルには直接電話をかけたり、アポイントを取って面談をお願いしたりしています。試行錯誤しながら私なりに見えてきた先生への伝え方のコツは、次のようなものです（＊－）（サポートブックをお渡しするときも同様です）。

・いつも「ありがとうございます」「おかげさまで……」と、感謝を伝える
・子ども本人が困っている「行動・作業」（例：小さな文字を書くのが苦手）や感覚の過敏性の実例（例：触覚が敏感で糊が触れない）、具体的事実（例：朝、泣いて「国語の時間がイヤだ」と言っている）を伝える

・「家ではこうするとできます」という家庭での対応や、「○○と声をかけて、気づかせて頂けると助かります」など、具体的で簡単な声かけなどの実例を伝え、丁寧にお願いする

連絡帳で伝える場合も同じで、私は具体的には次のように書いています。

【ある日の連絡帳の文例】

「**（感謝）** いつもありがとうございます。**（具体的「困り」）** 漢字のふりがなや小さなcm、mmなどの単位を書くのが苦手で、答えが分かっていても書けずに苦戦しているようです。**（家での対応）** 家では宿題に取り組めない時には、青鉛筆でマス目や単位の下書きをしています。**（お願い）** 学校でも困っているようでしたら、サポート頂けると助かります」

学校と継続的に上手に連携していくコツのひとつ目は、**「先生のできないことを責めない」**です。特に通常学級でサポートや対応をお願いする場合、クラスには他に30人ものお子さんがいて、発達障害に対する学校全体の理解や支援体制もまちまちなの

（＊1）元教員でもある東ちひろ先生が学校の先生向けに書かれた『スペシャリスト直伝！　ほめ方・しかり方の極意』（明治図書）を参考に応用しました。

で、学校の対応に多くを期待し過ぎてしまうと、こちらも振り回されてしまいます。親も先生もお互いに「できないことは責めない」ことで、相手を追い込むことは避けます。それが結果的に、親と先生が支え合いながら、子ども本人を大らかに見守ってゆくことにつながります。

ふたつ目は、**「できるようになったことや頑張れていることなども、時折伝える」**です。行事やお迎えで顔を合わせた時などに、短い立ち話でも「おかげさまで、最近は渋らずに登校できてきています」「習字が丁寧に書けた時に、先生にほめられたのがとても嬉しかったようです」など、小さな進歩や先生の日々の努力に、言葉で感謝を伝えます。先生も毎日の努力を認められ、感謝されて悪い気はしません（信頼関係ができてくれば、子どもの多少のことは、大目にみて頂けるようになると思います）。

先生だけでなく、交通指導員さんや上級生、ご近所さんや友だちのお母さんなどに、いつも感謝を伝えていると「問題児の○太郎くん」ではなく、だんだんと、周囲の目線が温かいものに変わってきている感じがします（ただし、あまりにも担任の先生の理解を得ることが困難な場合は、特別支援コーディネーターやスクールカウンセラー、管理職の先生などに間に入ってもらったほうが良いと思います）。

84

学期末、大荷物で身動きできない ↓ 「持ち帰りリスト」で計画的に

長男が一年生の夏の終業式の日、なかなか帰って来ないので心配して迎えに行ったら、「全て」を持ち帰ろうとしていて身動きがとれなくなっていました。子どもは経験値が少ないので、なかなか「後先を考えて行動する」のが難しいようです。

そんな時は、親のほうで見通しをつけて、それぞれ持ち帰るものの名前・予定日を「付箋」に書いて、「学期末に持ち帰るものリスト」にします（11ページ㉙）。それを連絡帳に貼って、先生にも「持ち帰りリストを見るように、声かけして頂けると助かります」と伝えて、一週間ほど前から計画的に少しずつ小分けにして持ち帰るように促します。ひとつ持ち帰る毎に一緒に付箋を取っていき、全部持ち帰ると「一学期おつかれさん」というメッセージが付箋の下から出てくるようにしました。

85

登校しぶり対策

「行きたくない」にはレベルがある

こうしてサポートを続けても、「学校に行きたくない」という時もあります。ただ私は「学校に行くこと」は「当然／絶対」とは考えていないので、最終的には、「学校はできれば行って欲しいけど、他の方法もある」と思っています。

私が思うに子どもが「学校に行きたくない」という時は、ちょっと気乗りがしないレベルから死ぬほどつらいレベルまで、次のような気持ちの強さの段階があります。

レベル1：おさぼりモード

忘れ物が増えたり、宿題の取り組みが悪いのがサイン。ちょっと面倒、だるい、家で遊びたい、など。季節の変化や行事、特別日課などでやや疲れ気味。

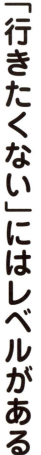

レベル2：憂うつな気分

起きてすぐから機嫌が悪いのがサイン。給食がイヤ、漢字書き取りがイヤ、友だちにイヤなことを言われた、など具体的な理由がある時。

レベル3：強い不安感

ぼーっとゲームをし続けるなどの現実逃避モードやどんなに説得してもテコでも動かないのがサイン。周囲からの注意や叱責、友だちとのトラブルなどが続いている時や、学習面でまったくついていけないことが長引いているなど。

レベル4：うつ状態

心身の不調や無気力な様子が見られ、布団から出られないのがサイン。学校全般がつらい、お腹が痛くなる、眠れない、食欲不振などが、慢性的に続くなど。

これは大人が「うつ」になる過程と似ています。**大事なのはどの段階でも、「その状態を否定しない」ということです。**「そっかあ、それはイヤだよね～」とまずは共感しています。そして段階に応じて、こちらの対応を変えます。比較的早い段階で、ケアしながら対応していけば、負担から子どもを救うことができると思っています。

86

登校しぶり対策　レベル1↓

ごほうび設定で乗り切る

レベル1「おさぼりモード」では、うちの子達の場合、季節の変化や運動会、発表会、特別日課などでやや疲れ気味のことが多く、やる気や意欲が下がっています。「いつもと違う」ことは思った以上に負担になります。先生も忙しく、細かく一人一人チェックができないことが多いので、持ち帰り忘れや連絡帳の書き忘れなどが増えたり、疲れが溜まって宿題への取り組みがいつも以上に悪くなるのがサインです。

下がり気味のやる気・集中力には、特別な「ごほうび設定」が有効です。朝、学校に行くのをムズがっていたら、「帰ってきたら、おやつに何か食べたいものある？」「夕飯は何がいい？」とリクエストを聞いて送り出します。

加えて、季節の変わり目、学期末、行事の前後などは負担感が多いので、「ポイント手帳」でも「特別加算」です。この時期は、「運動会が終わるまで何ポイントUPなら頑張れそう？」と本人と増額分を相談・交渉します。

学期の終わりは他のお子さんも疲れ気味で、トラブルも増えるので、「ハラが立ったけど、手を出さなかった」「ケンカの後、謝れた」など、ガマンできたこと、譲れたことを、事前に「イヤだけどガマンできたことや、すごく頑張れたことはポイントUPだから、教えてね」と伝えることで自己申告制にし、5pt加算します。

運動会や成績表の結果は問いません。そして行事に参加できた場合や、一学期間が終わった時などの節目に、おもちゃ（長男はコレクションしているフィギュア）やゲーム、外食（回転ずし）、お出かけなど、本人の希望を聞いて「参加賞」も出ます。

また、こんな時期こそ、「家に帰ったらほっとできる」ことが大事です。一日頑張ってきたらゴロゴロだらだらリラックスの時間を大事にしてあげます。一度に多くを求めない、です。またキモチ多めに休ませ、早めに寝るよう声かけしたり、お風呂でスキンシップをとり、くすぐり遊びなどをして、親子のふれ合いを増やします。

好きなものを励みに、適度に休息・リラックスできるようにケアしてあげれば、しんどい時期も乗り切れます。

87

登校しぶり対策 レベル2

できる工夫で負担を減らす

レベル2は、道にちょこちょこと小石が落ちていて、何度もつまずきやすくなっている時です。このレベルでは、実際にかなり疲れと不満が溜まってきてもいるので、うちの子達は口内炎、アレルギー症状など、軽い身体の不調も出始めます。友だちトラブルが続いたり、担任の先生からの電話報告が増えてきたらレベル2だと判断し、うちは学校まで結構遠いこともあり、ちょっと手厚く感じられても、朝なかなか動かない時は車で送ってしまって、登下校の負担を減らしてまずは体力面を温存します。

帰ってきたら否定せずにグチを聞いてあげて、心と身体のケアをしています。また、早めに寝るよう声かけしたり、休日は無理をさせないようにしたりします。

そして、このレベル2では、給食がイヤ、漢字書き取りがイヤ、友だちにイヤなことを言われたなど、具体的な「行きたくない理由」があります。

ここではまず、家庭で「私ができること」を考えます。

例えば、「今日はフルーツが出るから絶対に行きたくない！」と頑なに給食をイヤがる時は、事前に「残していいよ。行って帰ってくればOK」と伝え、その場にいただけでも「ガマンポイント」（＋3 pt）を設定します。漢字書き取りがイヤな場合は、ドリルや漢字ノートに色鉛筆で下書きをします。友だちにイヤなことを言われた時は、まずは「それはイヤだよね～」と共感してあげ、「こうすればいい」ということを、カードやフローチャートなどを作って絵を描きながら説明したりします。

また、担任の先生には、簡単な声かけなども連絡帳でお願いすることもあります。「××が気になっているようなので、『○○すれば大丈夫だよ』など、声をかけて頂けると助かります」など、具体的に伝えてお願いしています。こうやって、家でのフォローで取り除ける小石は「できる範囲で」間引いて、体と心の負担を減らして、少しでも歩きやすくしてあげます。

「歩くこと」自体がイヤになってしまう程多くのつまずきを避けていくうちに、だんだんと体力もついて、転びにくくなってきます。

88 登校しぶり対策 レベル3

学校に具体的な理解と対応を求める

レベル3は「つまずき」を繰り返すうち、「段差」になってしまった状態です。診断のある・なしにかかわらず、(一時的にでも)適応に「障害」があると考えます。**ただし、私は子どもにのみ「障害」があるのではなく、子どもの体質的な凸凹と、学校・園などの環境側との「差」によって「障害」となるかどうかは決まるものだと考えています。**この場合、本人の努力や家庭でのフォローだけでは「乗り越えられない壁」があります。そこで学校側に具体的な理解と対応を求めます。

また、この状態になると、これまでに紹介したどんな手を使って説得しても、子どもはテコでも動かなくなります。こうなったら、無理に登校させることはしません。

長男は、たとえ送り出しても、自分の意思で家に戻ってきて、「学校がコワイ!」

と言って、玄関前で泣いて座り込んでいたこともありました。学校に対して全般的な恐怖心があるので頭の中は不安感でいっぱいで、家では現実逃避モードになって、ぼーっとゲームをし続けたり、話をしても上の空になったりしていました。頭痛や腹痛、胸がしくしくする、などを訴えることもあります。

もう「心の傷」になりつつあるので、引き続き家でなるべく休ませ、話を聴いてあげたりもしますが、場合によっては、早めに専門家の力を借り、親子で相談先を確保しておくことでレベル4に進むことを防ぐことができます。

長男は1年生の時、漢字学習がつらく、「国語のある日は行きたくない」というのが一番大きな理由で、レベル3までになって、時々休んでいた時期がありました。国語はほぼ毎日あるので、「今日は5時間目に国語だから、給食までならがんばれる?」とか、「1時間目だから、朝ゆっくり行って、保健室で待たせてもらおうか?」などと提案し、部分的に登校できる日は送って行きました。

発達障害であるという診断がついて、それを伝えてからは学校側の理解が得られ、その子に合った対応をお願いすると、なんとか登校できるようになりました。レベル3まで行かなくても、事前に学校と適切に連携していれば、このような事態を避けることができます。

また、子どもが休んだり、送り迎えが続いたり、心配事や不安感でいっぱいだとお母さんのほうの、体力的・心理的な負担も大きくなります。子どもと同様、お母さんにもケアと理解が必要です。私もこの時は、長男と同じように、育児への自信を失って、抑うつ的な気持ちになっていました。少しでも休み、家事は後回しにし、夫や祖父母、ママ友、外部のサービスなど頼れるところには頼って、物理的な負担を減らしましょう。また専門のカウンセラーなど、お母さんの悩みを相談できる場所を確保します。お母さんが倒れない工夫は必ずするようにして下さい。

長男がレベル3の状態になった時に、具体的にやってきた対策は、次の通りです。

・特別支援コーディネーター、担任の先生との話し合い
・通級個別指導の導入（長男の場合は、学校裁量による取り出し指導のこと）
・サポートブックを渡す
・スクールカウンセラーの活用

「乗り越えられない壁」も周囲の理解とサポートで、ハードルが下がって段差が小さくなれば、なんとかなる場合もあります。

89 登校しぶり対策 レベル4↓

学校が「全て」ではない

レベル4は「もう歩けない」と、完全に動けなくなってしまっている状態です。いざ行こうと思っても身体が動かない、何を言っても関心を示さない、布団から出られない、などの深刻な状況です。レベル3との見分けのつけ方は、慢性的な心身の不調や不眠が続く、などです（正確な診断は医師の判断を仰いで下さい）。

うちの子達は、できる範囲でできることをして、今までレベル4はなんとか避けられていますが、**私はいつも学校が「全て」ではないことを頭の片隅に置いています。**

実は、私は一ヶ月程度ですが、小3の頃に不登校の経験があります。成績優秀でいじめもなかったのですが、感覚が敏感で疲れやすく、意思疎通はなんとかできる程度の選択性のかんもくがありました。当時は「発達障害」や「自閉症スペクトラム」などは、身近な言葉ではなかったものの、「凸凹さん」の範疇にあった私は、忙しい母を気遣い塾や家業のお手伝いも頑張り、何事にも真面目過ぎて、「〇〇しなければならない」というこだわりがたくさんありました。そして、風邪で数日休んだのをきっかけに、突然力尽きたように、学校に行けなくなりました。

こんな事態を避けるために、うちの子達があまり眠れなかったり、起こしても起きない時や朝から荒れている時、こだわりが特に強い時などには多少のズル休みは時々大目に見ています。どうしてもイヤなことがあるとき、疲れが溜まっているとき、不安やさびしさで私から離れないとき、熱はないけれど心が風邪気味なんです。

一応「明日は行ける?」と約束してから、「アレルギーの症状が強く出て……」などと、テキトーな理由をつけて連絡し、「ズル休み」を容認しています(数日休みが続くようなら、正直に話して学校と相談しますが……)。

「がんばり屋さんは、ちょこちょこ休んだほうが休みが長引かない」と思っています。

私の場合は一ヶ月程で学校に戻れましたが、それは母が私に何も言わずにいてくれたからでした。布団で一日中テレビを見ている私に「学校に行きなさい!」とは言わず、それが本当に救いでした。母は時々仕事の合間に「食べたいものある？」など聞きに来て、いつも寂しかった私にはそんな些細なふれ合いが本当に嬉しかったです。

そして、学校を休んで二週間くらい経った頃、母は私に「ごめんね。お母さんが悪かったよ」と、謝りました。私に期待し過ぎてしまった、という気持ちだったのかもしれません。私はちっとも母が悪いとは思っていなかったけれど、その言葉をきっかけに少しずつ回復に向かっていきました。

こんな自分の経験から、もしうちの子がある日急に学校に行けなくなっても、親に受け入れられて、安心して休める家があれば、いつかは回復できると思っています。

そして、学校が「全て」ではありません。私も「できれば」学校には行って欲しいけど、「絶対に」とは思っていません。どうしても「今の学校」という環境が合わなければ、別の道（私立学校や特別支援学校、フリースクール、ホームスクーリング、留学など）はいくらでもあります。皆、自分の人生の主人公です。決められた整備された道じゃなくてもいいから、大事なのは、ゆっくりでも、遠回りでも、人生を「歩こう」という気力と体力が燃え尽きないようにすることです。

そのために、ちょっとぐらい親子で道草して、ズル休みしたって、いいじゃないですか。

7章

育児を頑張り過ぎているときの対処法編

90 子どもにイライラしちゃう
イライラは頑張り過ぎている証拠

子育てにイライラはつきものです。お母さんが人間である以上、怒りもすれば、イライラもします。それをもし「私はダメなお母さんだ」と思っている方がいたら、ぜひ「私は頑張り過ぎているお母さんだ」と、自分への声かけを変換してみて下さい。

冒頭で「お母さん」というのは世界一同業者の多いお仕事だとお話ししました。24時間年中無休の無報酬で、何十年も働き続ける間、何もメンテナンスせずに「愛情」というものが「お母さん」という生き物からは、温泉の湯水のように、こんこんと毎日無限に永遠に湧き続けるだろう、というのは残念ながらパパ達の幻想のようです。

特に、気の休まる暇のない、心配事の尽きない、「凸凹さん」育児の場合や、お母さん自身にちょっぴり凸凹傾向がある場合、今無事に生きていることすら、奇跡的だと思えます。疲れれば、誰だってイライラしたり、ネガティブになります。**私も、そんな時に天使のような子ども達に、あんなことやこんなことをされると、時にはかわいく思えなかったり、優しくできなかったりすることもあります。**

よく「母は大地」と言われますが、大地から際限なく水を取り続けたらいずれ枯渇します。

そこで、あくまで「私はこうしています」という一例に過ぎませんが「しんどいな」と思ったら私がやってみていることを、段階を追って書きました（16ページ／ダウンロード可）。

どこかのがんばり屋さんのお母さんの参考になりましたら、幸いです（なかには私の想像できる範囲を遥かに超えた、とても厳しい状況の中で子育てされているお母さんもいらっしゃるかもしれません。もし辛く感じたら、無理に受け取らなくてもいいんですよ）。

私は、母性や愛情がスッカスカに枯れたように感じるのは、一生懸命あれもこれも、とっても頑張り過ぎているから、私の身体や心から「もっと自分を大事にしてね」というサインが出ていると受け取っています。

91 あれもこれも終わらない➡「ふせん」で優先順位をつける

「あれもこれもやらなくては！」と思っていると、それだけで余裕がなくなります。子どもの「to doリスト」や「手順カード」同様、私自身も、やらなくてはならないこと、やっておきたいことをぜんぶ「ふせん」に書き出し、カレンダーやスケジュールなどに貼って、一目で分かるようにするだけで、落ち着くことができます。

うちでは5人家族全ての予定が一枚に書き込める、ファミリー・タイプの大きなカレンダーを冷蔵庫に貼って、学校・園から予定が出たらすぐにカレンダーに書き入れています（11ページ㉚）。そして、一ヶ月分の小学生と幼稚園児の帰宅時間、習い事、行事、パパの出張予定などを把握した上で、買い物や諸手続きなどの自分の雑用を書き込んだふせんを、カレンダーの提出期限の日や実行予定の日に貼っていきます。

それから予定を眺めて、「今日は○時までのんびりできる」「パパの出張中は夕飯は手抜きでOK」などと、サボり計画を立てます。

主婦の雑用というのは多岐に渡ります。学用品の買い出し、通学帽のゴムの付け替え、図工の材料集め、PTAの廃品回収や草むしり、各種申請と諸手続き、ママ友へのメールの返信……ささいなこともたくさんあるとなんだか余裕がなくなります。

こんなことを育児・家事の通常業務に加えてこなしているので、そこへさらに、子どものことで学校からの電話や、宿題の積み残し、友だちトラブルなどで「やること」が増えてしまうと、一気にパニックになってしまいます。

そこで、明日できることは明日にします。ふせんを冷静に見渡せば「どうしても今日じゃなくてはならない」ことは、実はそんなにありません。「なんでも・ちゃんと」やろうとせず、雑用の優先順位をつけて、いつでもいいことは後回しにします。何ヶ月もずっと後回しにし続けていることは、そのうちふせんがはがれ落ち、問題自体どこかに消えて、いつの間にか自然解決してしまいます。

実は私は、同時処理がかなり苦手です。でも、子どものサポート同様、やることを把握できれば、落ち着いて取り組めますし、自分の限界も把握しやすくなります。

1 接し方の基本編
2 伝わる方法の基本編
3 家の中の工夫編
4 おでかけの工夫編
5 学校・園生活の工夫編
6 学習サポート編
7 頑張り過ぎ編

92 家事が追いつかない

チリが積もっても山にはなりません

家事も完璧じゃなくていいんです！　世のため人のため、特別にパパにはナイショの私の手抜きテクニックをご紹介します。「ここだけの話」でお願いします！（笑）

1　子どもの上ばき、運動靴は洗濯機で洗う：週末、子ども三人分の上ばき、体育館シューズ、運動靴の靴洗いなんて、真面目にやってられません。洗濯ネットにくるんで洗濯機で豪快に洗います（ただし、乾燥はしません。靴のミイラができます）。

2　水筒はペットボトルに粉末で：夏場や運動会シーズンの熱中症予防だけでなく、ほぼ一年中子どもの水筒を面倒だけど毎朝用意します。うちは前の晩、4分の1ほど水を入れたペットボトルを冷凍庫に入れておき、翌朝水を足して、ほうじ茶・緑茶・

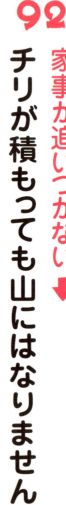

スポーツドリンクなどの粉末を入れて、フタして振って保冷ホルダーに入れるだけ。ペットボトルに茶渋がついたら捨てるだけです。

3　お茶は簡易お茶サーバーで「セルフ式」：夏場に子ども達に何度も「かあちゃん冷たいお茶！　お茶！」と言われるので、運動会用に買ったジャグを廊下に設置し、水と氷とお茶の粉末を入れて簡易お茶サーバーにして、「セルフで」お願いしています。お友達が来たときも「ご自由にどうぞ」の張り紙で、手間いらずです。

4　機械に頼る：うちで、私の言うことを素直に聞いてくれるのは機械だけです。なので、食洗機やお掃除ロボットなどの便利家電はフル活用します。エアコンなどの家電も、買い替えの時にはなるべくメンテナンスフリーのものを選んでいます。

5　キッチンの環境向上のための設備投資をする：円満な家庭維持のための必要経費です。私は自分専用の小型扇風機と足元ヒーターを買いました。そうじゃないと、皆がエアコンの効く部屋で楽しくテレビを見ている時に、夕飯なんて作る気がしませんからね。料理・洗い物は時々イスに座りながらやっています。

6　掃除・片づけ・洗濯はペースを落とす：掃除も目立つゴミだけ拾って、掃除機がけと片づけはペースを落とします。特に夏休みは「すぐ散らかっちゃうから〜」と、最初からなるべく片付けません。リビングだけなど、ポイントを絞って、そこだけできればヨシにします。雨の日は神様が「いつもよく頑張っているね。ごほうびに今日は洗濯を休みなさい」と言っていることにします。

7　家事のギリギリラインを見極め、段階を追って下げていく：料理や掃除など、手抜きが続くとパパから不満や小言が出てきます。スーパーのお惣菜、冷凍食品など、本当にありがたい存在ですが「そろそろ小言が出始める頃かな」と思ったら、好きな煮物をちょっとだけ作ります。そうやって、家族のギリギリラインを徐々に下げ、じわじわと手抜きに慣れさせていく、という恐ろしい戦略で長期的な作戦を展開するのです……！　パパも十年かけて、細かいことがあんまり気にならない、心の広い夫に進化してくれました。

育児は「や～めた！」ってワケにはいかないので、ちょっとずつ手を抜いて、頑張らないための工夫を頑張るのが、安定して長続きする秘訣かもしれません。

ちょっとくらい家が散らかっていても、その分お母さんが子どもに余裕を持って接することができれば、そのほうがいいんじゃないかと私は思っています。

93 トラブル→怒る→疲れる→トラブル
↓
最初の一歩で悪循環から脱出できる

長男がいわゆる「小一プロブレム」（入学したばかりの一年生が、集団行動がとれないなどで、学校生活に馴染めない状態が続くこと）で、毎日問題を起こしていたときは、「トラブル↓怒る↓疲れる↓またトラブル↓さらに怒る↓疲れ果てる↓……」というような、無限ループを繰り返し、イライラして全く気が休まる暇もなく、ますます子どもの問題行動が増えるという、育児の悪循環にはまっていました。

でも、「小さなことでもいいから、とにかく何か実際にやってみる」という最初の一歩を踏み出すと、この無限ループから抜けられました！

だけど、その最初の一歩、というのが結構ハードルが高いのです。もともと、私は性格が内向的で慎重で、あまり感情を表に出さない地味でおとなしい子どもでした。

ところがです！　そんな私も、毎日毎日、目の前の育児で手一杯だと、だんだんと反射神経しか使わなくなっていたのです。二人目の子が生まれて間もなく、自分から「オッサンの声」が飛び出た時には、自分でもビックリ仰天しました（笑）。

とても持ち前の「柔軟な発想」や「冷静な判断」なんてできませんでした。気持ちと時間に余裕がなければ、たとえ「手段」で怒っているのが自分で分かっていても「創意工夫」なんて出てきません。医師の助言や、支援・療育の本や育児ブログなどを見聞きしても人の意見を受け入れる気持ちになれない、分かっていても実行できないんですよね。

これは、毎日子どもが怒られることで（たとえ、自分自身も怒っていたとしても）、同じように私も落ち込み、自信を失っていたからなんです。次から次へと問題が起こり、気が休まる暇がなくて、頭が真っ白。パニックと似た状態だったと思います。

私が、どうやってここから抜け出したのか。それは、気持ちをリセットできる時間を、一日一回、5分でいいから作るようにしたからです。「トラブル↓怒る↓疲れる」の間のどこかに、「休む」を入れます。とにかくちょっとでも休み、一息入れます。張りつめていた緊張をほんの少しでもいいから、ほぐすように意識します。

そして、ほんの少しだけ気持ちが落ち着いたら、本当に小さなことでいいから、できそうなことをやってみる。子どものためのことでなくてもいいです。「夕飯のおかずに自分の食べたい物をひとつだけ買ってくる」でもいい。買い物に行けなければ、ネットで頼めるものでもいい。自分が「こうしたい」と思ったことを、実際に実行して「できた！」と思えることならなんでもいいんです。

毎日、子どものことで頭がいっぱいで、休む間もなくあれもこれもと振り回されて、何一つ思いどおりにならない状態が続けば、無力なように感じられてしまいます。本当に小さなことでいいから「できた！」が増えれば自信がつく、というのは、お母さんも同じです。自分に「できる範囲で、できること」をやってみます。

それから、子どもに対しても、今のままでも無理なくできそうなハードルの低そうなことを、自分の得意分野でやってみる。声かけなど、お金と手間、時間がかからない方法なら、ムダになってもあまり腹が立たないので、できるだけ簡単で手軽なものがいいと思います。この本に載っている以外の方法でも、お母さんが直感的にいいと思えば、もちろんなんでもいいんです。

私はいつも「今の私にできそうなこと」と具体的に考えるようにしています。

子どもに「もっとちゃんとしなさい！」と言っても変わってくれません。今でも、学校などで何かトラブルがあったら「気をつけます」「頑張らせます」とは言いません。「どうしたら気をつけることができるのか？」「どうしたらやる気になるだろうか？」という具体的な方法を考えて、間違ってもいいから、まずは実践してみています。

自分ができることをするほうが、動かない子どもを無理に動かそうとするよりも（たとえ失敗に終わっても）ずっと達成感があります。

怒るというのは、とてもエネルギーを消耗することなので、一回でも別の手段で子どもに伝われば、親のエネルギーも少し節約できます。その分、自分の息抜きや、次のサポートをやってみることができます。気持ちや身体に余裕ができれば、子どもが同じことをしていても、「感情」で怒る回数も少しずつ減っていきます。柔軟な対応や、うちの子に合わせたアイデアの発想や試行錯誤もできるようになります。

最初の小さな一歩が踏み出せれば、親も子も、「できた！→自信→余裕→できた！→自信→余裕→……」という、いい循環に軌道修正していくことができます。

悪循環の無限ループからは、必ず出られます。

94 すぐに飽きる、続かない ⬇ あの手この手で続ける

親が一歩を踏み出し、あれこれと「うちの子」のためのアイデアが浮かぶようになったとして、せっかくやってみたのに、子どもの反応が悪い、反応はあったけどすぐに飽きてしまった、ということが、(うちでもよく)あります。

子どもが全く食い付かない場合は、方法を見直して修正・改良してみるか、別のアプローチを試してみます。でも、最初は興味を持ったけど、続かなかった場合はどうでしょうか。いわゆる「三日坊主」です。

「三日坊主」を「三日しか続かなかった=失敗」と捉えるか、「三日続けることができた=成功」と捉えるかで、親のモチベーションも変わってきます。

「三日坊主」を繰り返して、あの手この手で続けても「続いた」ことになるのです。

方法にこだわらずに、目的を見失わなければ、サポートはブレません。

私は今、週に一度のペースでFacebookに凸凹育児のアイデアを投稿し続けていますが、アイデアのネタが尽きないのはなぜかと言うと、実はうちの子たちがとても飽きっぽいからなんです。子どもは、たいていそういうところがありますが、長男は特に、ほとんどの支援ツールは使い捨てと言ってもいいくらい、次から次へと目移りしてしまいます（私は、「吸収が早い」「好奇心が強い」と解釈しています）。

また、成長に伴い興味を持つものも変わってくるので、例えば「友だちを叩かない」という同じことを教えるのに、小さな頃は仮面ライダーなどのヒーローで喩え、少し大きくなればロールプレイング・ゲーム風のカードを作り、現在はセルフコントロールの練習をするというように、手を変え品を変え、取り組み続けています。

焼け石に水のように思えることも、１００回水をかければ、多少は効いてきます。「めげない」「諦めない」という姿勢は、実行するのはとても難しいことですが、**その中で子どもの小さな進歩に目を向けられれば、親も続けやすくなります**。

例えば、世の中には星の数ほど「ダイエット法」が存在します。「キャベツダイエット」をやってみて、「やっぱりそんなにキャベツばっかり食べられない」と、「りんごダイエット」を始める。りんごに飽きたらバナナ、野菜ジュース……そのうち「同じものばかり食べるのは結構しんどい」と気がついたら、ウォーキングや◯◯体操など、身体を動かすアプローチをしてみる。それでも「やっぱり私、運動はあんまり好きじゃないかも……」と疲れて面倒になったら、体重を毎日記録するだけとか、◯◯しながらできるというような負担の少ない方法をやる。そうやって、懲りずにあの手この手で続けていくうちに、結果にかかわらず、プロセスをママ友と話題にするのが楽しくなったり、「なんだかちょっとやせた気がするかも？」なんて小さな変化に気がつくと、取り組むこと自体が楽しくなってきて、ライフワーク化してきます。

子どものサポートも同じです。次々と現れる個別の問題や、結果に目がいってしまうと「またケンカ!? 全然ダメじゃない！」と思ってしまいますが、取り組み続けた経過をトータルで見ると「そういえば、友だちに手が出る回数は少し減ってきたかも？」「まだ手が出ることはあるけど、謝れることも増えてきたかも？」と、小さな変化を実感できるようになります。

取り組みの過程や子どもの小さな変化を楽しむ事が、サポートを続けるコツです。

95 「甘やかしている」と言われた ↓ 甘やかしとサポートを区別する

親の「うちの子サポート」が軌道に乗ってくると、周りの意見がうるさく感じられることが出てくるかもしれません。特に一見「フツーの子」と見分けがつきにくい軽度・グレーゾーンの子などは、ほんの少し丁寧に教え、理解や手助けがあれば、負担が減って持っている力をぐんと伸ばすことができるのですが、「甘やかし」「過剰支援」と見られて、親の意欲を削ぐ言葉を周囲から受け取ってしまう場合があります。

確かに、それが本当に「甘やかし」であれば、子どもの自立のためのスキルを伸ばすことにはつながらないのですが、それを気にして必要なサポートが得られないと、未学習・誤学習のままとなり、それも自立の妨げになってしまいます。

「周りを見て自然と学ぶ」が苦手でも、ほんの少し、丁寧に教えることでできるようになる子はいます。「甘やかし」と「サポート」の見極めが大事です。

私は、「子ども本人にしかできないこと」を親がしていたら「甘やかし」ですが、それ以外は全て「サポート」だと判断しています。

「子ども本人にしかできないこと」の最も重要な部分は「意思の決定」です。「手取り足取り」と「手出し口出し」は違います。

子ども本人の「こうしたい！」という意思がなるべく叶うように、親ができるだけ丁寧に教え、手助けしてあげるのは「サポート」ですが、親が「こうしたい！」と思う方向に、子どもの意思を無理に曲げてしまうのは「手出し口出し」です。

でも、全てを子どもの思いどおりにはできないし、時間やお金など親にも都合があり、子どもの将来のことを見通して、今から取り組ませたいと思うこともあります。

その場合、子どもに判断材料となる情報を与えて、メリット・デメリットを伝えたり、現実的に可能な範囲の選択肢を提示したり、こちらの都合を分かりやすく伝えて、「やる・やらない」や「どれにするか」「どの程度妥協するか」などは、子どもの意思を尊重します。それに経験上、子どものためと思って「やりなさい！」と私が無理に取り組ませ、プラスの方向で身についたことは何もありません。

私は、子どもにぜひやらせたいと思うような基礎学習や療育あそびなどは、自然に楽しくできる仕掛けを工夫して、知らず知らずのうちに身につくようにしています。

また、学習や生活スキルのサポートなども、「自分でできた！」という達成感を子ども自身が得られるようにするためには、「考えること」は「子ども本人にしかできないこと」なので、宿題に必要な道具を準備し、補助線を引いたり拡大コピーをして、たくさんヒントを与えても、私が代わりに「答えを出す」ことはしません。

「子ども本人にしかできないこと」は子どもの発達・成長によって変わってきます。

例えば、冬休みの宿題に「習字」があります。書字障害のある長男にとっては、とてもハードルの高い作業です。そこで、私が新聞紙を広げ半紙をセットし、墨をすって、薄く補助線を引き、半紙の下にお手本の下書きをし、小筆の代わりに筆ペンを置いて、「後は書くだけ」という状態まで準備してサポートしますが、筆で字を書くことだけは、「子ども本人にしかできないこと」なのでしません。

ただ、ずっとこれでいいかというと、そうではありません。年齢に応じて周囲から求められることも変わり、段差になっていきます。だんだんと、準備と片付けも「子ども本人にしかできないこと」になっていくのです。

周りの子がどうであれ、本人のゆっくりの成長に合わせて、段階を追って徐々に手を離していくようにしていきます。「筆で字を書くこと」に慣れてきたら、名前に小筆も使ってみる、使った筆を洗うことはやる、というように、ひとつひとつ自分でできるように導いていきます。また、こちらがどれだけヒントを与え、手助けしても、最終的に自分で取り組めたら「できたね！」と認める声かけをして、フィードバックします。それが、次のチャレンジにつながっていきます。

親の心配や不安、期待や希望からくる「親心」という意思は、決して周りから責められるべきものではありません。どんな意見にも耳を傾ける姿勢は大事ですが、子どもも同様、親の意思をないがしろにして、子育てとサポートを続けていくことはできないのです。もし私が自分の意に反して、「子どものため」「あなたのため」と、誰かに言われたとおりにやれたとしても、私の「親としての自信」にはつながりません。

周りは親に様々な判断材料やヒントを与えることはできても、我が子の育児方針の意思決定は「親にしかできないこと」です。周りの「余計なお世話」には「ご心配ありがとうございます」と、にこやかに気持ちだけありがたく受け取ればいいんです。

母子共に、自分の意思を尊重されて初めて一歩ずつ前進していくことができます。

96 とにかくストレスが溜まる
グチは外に出す!

ストレス解消のために思っていることを外に出すのはとても大事です。特にお母さん自身に凸凹がある場合、マイナスイメージの記憶を選別することができずに何度も何度も思い出して、繰り返しイヤな気分を味わうということがあるかもしれません。

私自身、何十年も前のささいな失敗体験や、自分の失言、他人の攻撃的な言動などを、ちょっとしたきっかけで芋づる式に思い出してしまうことがあります。情報の選別が苦手な凸凹さんは、発想力が豊かな反面、ストレスも溜めやすいようです。

ところで、「グチは外に吐き出すといい」とよく言われますが、私はご近所のママ友さんにグチを言うのは、得意ではありません。気疲れしやすい体質に加え、「凸凹育児」特有の悩みは他のママさんには言いづらい。「漢字書き取りがイヤで学校の送り迎えしている」だの、「今年も運動会が近づいてきて憂うつ」だの、あんまり分かってもらえなさそうな気がしてしまいます。共感してもらえずに、かえって孤独感が増すくらいなら話さないほうが良い、とついつい抱え込んでしまいます。

でも「グチは外に吐き出すといい」は本当です。そこで、溜め込んだ不満は、たくさんメモに書き散らかしています。こうするだけで気持ちが整理され、破って捨てればスッキリします。また、何かに書けば安心して忘れることができるので、無選別に情報をストックし続けてしまう負担を「メモ魔」になることで減らしています。

私はメモを「忘れないため」ではなく、効率よく「忘れるため」に使っています。

そして、グチも役立つ部分は、「Facebook の記事や本のネタ資源となって、リサイクルできます。事実や自分の感情を客観視して分析して整理することができ、上手に昇華できれば、多くのお母さん達から共感を得られ、「いいね!」してもらえます。

またブログやSNSで悩みを発信することで「同じような子、お母さんがたくさんいて、毎日頑張っている」「誰かが見守ってくれている」ことをお互いに感じられれば、孤独感から自分を救えます。身近な場でグチを言うことができなくても、家にいながらでも、自分で気持ちを整理し、共感を得られる場を見つけることができます。

97

小さなことでイラッとする

自分に「タイムアウト」する

ＡＤＨＤの子だけでなく、子ども一般のしつけに有効とされる、「タイムアウト」という海外の手法があります。子どもが暴力・暴言など、行き過ぎた行為をしたら、指定の場所に離して「参加させない」時間を作るのです。うちの子達にはこの方法はあまりうまくいきませんでしたが、私は自分がイライラし始めたら「かあちゃん、疲れたから休むね」と言って、私流の自発的「タイムアウト」をしています。**「疲れたら休む」は、一番シンプルで効果が高いセルフコントロールだと思います。**

「タイムアウト」の時間は、一般的に「年齢×１分」程度が適していると言われています。３歳なら３分。私は40歳なので40分は休みたいところですが、なかなかそうもいきません。寝室で一人休んでいるところに、次々とダイビングされることもありますが、構わず休みます。休むと言ったら休みます。

特に夏休みは意識的に休み時間を確保しています。約一ヶ月半もの間、仕事量が増えた上に、休日出勤が続いたら、お父さん達だって愚痴が増えますよね。場合によっては訴訟ものです。家庭平和のために、積極的にサボらなくてはなりません。

私は夏休みの間中、「かあちゃんのお昼寝タイム」を作っています。一緒に静かにできるなら、という条件付きで子ども達も隣でゴロゴロしています。残業はしません。「公務員モード」で時間（私の場合は夜9時まで！）になったらキッチリ終わります（最近の公務員さんは残業する方も多いようです。特に学校の先生など……）。

そして、私が休んでクールダウンするお手本を見せ続けていたら、長男もイライラしてきた時に「ちょっと二階に行ってくる！」と言って、自分から離れてマンガなどを読んで、気持ちを切り替えてから下りてくる姿が見られるようになりました。

私は究極のイライラ対策は「休む」だと思っています。どんなメンタルトレーニングも、「休む」の効果には敵わない気がします。「疲れたら休む」「イライラしたら休む」、シンプルだけど意識して実践すれば、かなり感情と体調のコンディションが安定してきて、子ども達に振り回されなくなります。

98 それでも怒ってしまう↓ 完璧な親はいません

怒らなくても伝わる方法を考え、子どもに合わせて工夫できるようになって、少し気持ちや時間にも余裕ができたとしても「つい、子どもを怒ってしまう」ということを、なかなか完全になくすことはできません。私も未だにそうです。でも「それでOK」だと思っています。

長男は一年生の時に比べれば、毎日学校にも通えるようになり、友達もできましたが、子どもが生きている以上、その子らしくのびのびとすればするほど、新たな課題も出てきます。それに（小学生の時の私がそうだったように）優等生で「問題行動を起こさない子」に全く問題がないか、と言われると疑問に思うこともしばしばです。

どんな子どもにも、凸があれば、同じ数だけ凹があります。凸だけ、凹だけ、とい

うことはありません。どれだけサポートや療育をがんばっても、完璧な子どもはいません。そして、「それでOK」なんだと思います。

当たり前かもしれないけれど、生まれる前は私の一部だった子どもたちも、今は別の身体と心、意思をもった人間です（ちょっぴりさびしいことですが……）。当然私の意に反して、自由な意思で動きまくって、タイミング悪くあんなことやこんなことをするので、ハラも立ちます。子どもが健康に育っている証拠です。

だから、「できることを、できる範囲で」やっているけれども、それでも「つい、子どもを怒ってしまう」というのも、私の心が健康な証拠です。

子どものことをどうでもいい、と思っていたら腹は立ちません。子どもに関心があり、成長に責任を感じ、持っている力を信じているからこそ、怒りたくなります。

また、怒りたいという「感情」を、「ガマン」や「忍耐」で抑え込んでしまっていると、子どもを責めない代わりに、自分自身を責めてしまいます。これは、抑うつ状態につながりやすく、長期的に続けば、私のためにも、子ども・家族のためにもなりません。

1 接し方の基本編
2 伝わる方法の基本編
3 家の中の工夫編
4 おでかけの工夫編
5 学校・園生活の工夫編
6 学習サポート編
7 頑張り過ぎ編

私もそうですが、こだわり派で完璧主義傾向の強い「凸凹さん」にとっては、とくに自分や他人へのハードルを下げる練習が必要だと思います。

まずは親が自分をそのまま受け入れるという「お手本」を見せてあげることで、子どもも自分の得意なことも苦手なことも、そのまま受け入れられるようになると思っています。そうすると親も子も、苦手を補う工夫や別のやり方を受け入れたり、できないところを人に頼れるようになってきて、少しだけ生きるのが楽になります。

自分の凸も凹も受け入れることができれば、
子どもの凸も凹も受け入れることができます。

自分が理想どおりの育児ができなくても、それなりに頑張っていると思えれば、
子どもが理想どおりに育っていかなくても、それなりに頑張っていると思えます。

自分がちょっとくらいできないことがあっても、「ま・いっか」と思えれば、
子どもがちょっとくらいできないことがあっても、「ま・いっか」と思えます。

99 「できないこと」が気になってしまう ↓ 「できる範囲」だけでいい

いくら子どものありのままの凸凹を受け入れたいと思っていても、子どもの「できないこと」は気になってしまうのが「親心」です。

私も、いくら周りから「気にするな、子どもにはよくあること」と言われても、なかなか素直に納得することはできませんし、白紙解答のテスト用紙やゴミだらけのランドセルを見ては、子どもの将来のことが不安になることもあります。

親は子育てに責任感が強いほど、子どもに「できないこと」があれば「自分のせい」と感じてしまいます。私自身、子どもと自分の「できないこと」に目を向けていると、どれだけ頑張っても「もっと◯◯しなくては」と思ってしまいます。

では、子どもと自分の「できないこと」が問題として気にならなくなるには、どうしたらいいのでしょう。私は、まずは親が育児に対しての自信を取り戻す、ということだと思います。そのためには、今「できる範囲で、できること」を続ければいいんです。子どもの成長に対して「無力だ」と感じてしまうと苦しくなりますし、自分のできる範囲を超えて頑張り過ぎても辛くなります。

「できないこと」には、子どもも自分も責めないようにします。三食食べさせながら、淡々と私にできる「お母さんのお仕事」と「できる範囲でのサポート」をしていればいい。それでもできないことは「しょうがない」と思っています。

自分自身を振り返ってみて気づくことは、あれこれと子どものできないことばかりが気になっている時は、子どもの「今現在」の姿を見ていないときが多い、ということです。未来への不安や、過去の反省などに気持ちがさまよってしまって、「なんとかしなくては」「このままではいけない」と焦って、子どもの意思を尊重できずに無理矢理頑張らせたりして、せっかくついてきた自信を打ち消してしまいます。

思いつき、行き当たりばったりで動く子に対して、先の見通しを持って育児をしていくことはとても大事です。「自立」という目的地が見えていないと、道に迷ってしまいますから。**でも、「あれもできない、これもできない、まだまだダメ」と気にな**

ることが増えてきたら、「目の前にいる子ども」の姿をじっと見て、「今現在」に意識を戻します。そして、親も子も、「できていること」「がんばれていること」「いいところ」に目を向けるようにします。学校に行けた、ごはんを作れた、など当たり前のようなことをしているだけでも、充分がんばっています。

優等生のお子さん・お母さんとではなく、一年前の子ども、一年前の自分と比べて、できるようになったこと、成長したことは随分あるはずです。それから、子どもと自分自身に「よくがんばっているね！」と、今の姿を認める声かけをするんです。目の前の子どもの「今現在」の姿を見ながら、「できる範囲で、できること」を無理なく続け、当たり前のことや小さな進歩を「よくがんばっているね！」と認めていければ、子も親も自信がついてきます。そうしていると、子どもの「できないこと」はだんだんと「小さなこと」のように思えてきます。

この本でも、できるだけ多くのお子さん・お母さんのヒントになるように、できるだけ多くの「うちの例」のアイデアを具体的に挙げていますが、無理にすべてを取り入れる必要はありません。お子さんに合った方法、お母さんに合った方法で、「できる範囲で、できること」だけ参考にしてみてください。

100

ダラダラ現実逃避してしまう

子どもを感じることで現実に戻る

私は疲れと不満や不安が結構溜まってくると、ダラダラと息抜きしても、なかなか現実の世界に戻って来られない時もあります。そんな時は子どもの顔をじっと見つめたり、感触を確かめたりして「あどけない目だな」「温かいな、柔らかいな」「お日さまのにおいがするな」と感じられると「今」に戻れます。

現実逃避モードの時は、大抵はどうにもならないことを、漠然と考え過ぎてしまっています。「うちの子は本当に自立するんだろうか」「進学できるのだろうか」「いじめに遭うのではないか」といった、未来への心配。「またあんなことを言ってしまった」「小さな癇癪り過ぎたのがいけなかったんじゃないか」「もっと◯◯しておけば良かった」といった、過去の後悔。子どもを思うからこそ、気持ちがあっちこっちにふらふらしてしまいますが、先にも書いたように、こんなとき私は、肝心な「今、そこにいる目の前の子ども」を見ていないことが多いのです。

そういう時は、頭ではなく、「感覚」を使います。

まず、今の子どもをじっと見つめます。くりくりしたあどけない目、ちょこんとかわいい鼻、さくらんぼのような唇。そして、触れてみます。柔らかい頬、ぷくぷくとした小さな手、日焼けして逞《たくま》しくなった脚や腕。顔を近づけると、汗と草と土とお日さまのにおいや、ハチミツのような甘いにおいがします。まだまだ幼くかん高い笑い声や、静かで安らかな寝息にじっと聞き耳を立てます。抱っこをすれば、小さな命のぽかぽかとした温かさと、ずっしりと育ってきた重さを感じます。

そうすると、ふらふらと過去や未来に飛んでいた意識が、ふわりと「今、現在」の地面に着地するような気持ちになります。きっと「地に足をつける」というのは、「今」を大事にする生き方なのだろうな、と思います。

あれこれ心配や後悔をしても、どうにもなりません。「今」できることを、できる範囲ですればいいだけです。そうすると不思議と過去の失敗も受け入れることができ、どんな未来でもなんとかなる気がしてきます。

101

愛情が枯渇しそう……

↓

人に優しくしてもらう（有料可）

子どもに対する愛情が枯渇しそうな気がしたら、まずは自分に優しくする、身体を労《いたわ》る、疲れを取ることが大事です。

決して「冷たいお母さん」ではなく、「頑張り過ぎのお母さん」なんです。

自分が大切にされなくては、子どもを大切にする方法が分かりません。時には自分を甘やかし、許してあげることが必要だと思います。

自分が子どもにやってあげたくてもできず、苦しいと思うことを、まず人から自分にやってもらうといいんです。「いっぱい触れてあげたいのにできない」と思ったら、自分が触れられてケアしてもらいます。

「本当はもっと子どもに優しくしてあげたい」と思ったら、お母さん自身が、美容院

やマッサージ等、接客業、サービス業の方に優しくしてもらいます。

私も時々しんどくなってきたら、整形外科で保険診療のマッサージに通っています。身体に触れてケアして大事にして頂けるものは、癒され効果が高い気がします。子どもに優しくできないと、自己評価も下がりがちなので、有料でもいいから、敬語で丁重に丁寧に扱ってもらえることで、メンタル面も回復できるように思います。

もちろん、無料で優しさを分け与えてくれる人も、身近にたくさんいます。肝心なのは、それに気づいてしっかり受け取ることです。私たち家族が今の家に引っ越して来た頃、次男はまだ赤ちゃんで、長男が毎日大暴れし、慣れない環境の中話す人もなく、本当に孤独で大変でした。そんな中、お隣のおばあちゃんが、お惣菜のお裾分けを持ってきてくれたことがあります。本当に美味しいお赤飯でした。

お向かいのおばあちゃんも「大変そうだけど、お節介かもしれない」と、ずっと気にしてくれていました。私は、それだけでも気持ちが楽になりました。

長女が生まれた時、思い切って少しの間子守りを交代で頼んだら、おばあちゃん達は「頼ってくれて嬉しい」と喜んでくれました。お母さんも、人に優しくされて初めて、子どもにも優しくできると思います。

102

まったく休めない↓
サービスを活用し休みを確保する

「疲れ」は気持ちをネガティブにします。**私はネガティブとか、ポジティブというのは、性格ではなくコンディションだと思っています。**

波の大きさの差こそあれ、どんな人でもネガティブとポジティブを、毎日行ったり来たりしているのではないでしょうか。そして、「最近私、ネガティブにばかり偏っているな」と感じたら、かなり疲れが溜まっている証拠です。そんな時は、早めにしっかり休むようにしています。

私は、疲れが抜けなくなって、ネガティブになってきたら、延長保育を頼んだり、家事代行や宅配サービスを活用したりしています。パパの仕事が忙しくて「とうちゃん頼み」が使えない時でも、確実に私の休みを確保できるようにします。

幼稚園の延長保育や、学童の放課後児童クラブなどの、預かり保育が登録制の場合は、念のため登録しておくと安心です。他にも、急な一時預かりに対応できる託児所を身近に見つけておきます。長女は延長保育が大好きです。うちはいつも男子達に占領されているため、仲良しの女の子のお友達とゆっくり遊べる延長保育は嬉しいようです。用事もないのに時々預けて、充電させてもらっています。

私は今でも二週間に一度くらいは力尽き、ファミレスの宅配ディナーのお世話になっています。「人が休んでいる時の仕事」は、余計に負担が大きく感じられるので、土日や連休で人が休んでいる時には、なるべく自分も休みます。

どのご家庭も、一番下の子どもが入園するまでは、本当に大変だと思います。私は産後、二人目の時は義母に頭を下げてしばらく来てもらい、三人目は一ヶ月間、NPOの家事代行ヘルパーさんをお願いして、毎日「うわあ、スゴイ部屋!」と言われつつ、カオスのお掃除と、上の子の幼稚園送迎時の留守番をお願いしました(NPOの方だと割安で長期間頼みやすいです)。最近は各種送迎サービス事業などもありますね。身体の負担が大きなときは、人に頭を下げながらでも、とにかく休むんです。

身体をしっかり休めることで、沈んだ気持ちも浮かんできます。

103

体調が悪い。気分が沈む
↓
自分メンテナンスを後回しにしない

身体や心に異変を感じたら、病院には早めに行くよう、お願いします。

私も、内科や歯科などにもっと手前の段階でちょいちょいかかっていれば、さほど大事にならずに済むのに、忙しくて「落ち着いたら行こう」と思っていると、自分のことが後回しになってしまうタイプです。

しかし、子どもとじゃれてぶつけて、ぐらついた歯の治療も後回しにしていたら、一本抜けてしまって、現在治療中で結果的に高くついてしまいました。更に「自分を後回し」が続くと、私は疲労からホルモンバランスを崩し、めまい、貧血、極度の肩凝りで婦人科のお世話になったこともあります。

自分の治療、健康維持のための費用は惜しまないほうがいいですし、早めに行けば時間も出費も少なくて済みます。お母さんあっての家族です。お母さんの身体と心のことは、「ふせん」を最優先に貼りましょう。今はかかりつけのホームドクターの下、定期的に、免疫力を高め、疲労回復や精神安定作用などの効果もあるプラセンタ注射を、自費診療で予防的な治療として行っています。

また、発達障害、特に自閉症スペクトラムの子を持つお母さんの抑うつリスクは高い、というデータがあるそうです（参考『発達障害のある子どもができることを伸ばす！　学童編』p38）。このことを、私は「凸凹子育てをしているお母さんは、人の何倍も頑張っている」のだと受け取っています。食事を摂らせる、園・学校に行かせるといった「当たり前の日常」を送るために、それだけの努力をしているんです。疲れて当然です。ですから、眠れない、無気力、身体が重い、などの症状が続いたら、早めに専門機関を受診されることが、結果的にお子さんや家族のためにもなります。

私も小3の不登校の時と、独身時代に父の介護の時の数年間、うつになった経験があります。真面目で勤勉な凸凹さんは、体質的になりやすい場合があると思います。

子どものため、家族のため、そして何より自分自身のために、頑張り過ぎで努力家のお母さんは、「頑張り過ぎない努力」を一番に頑張って欲しいと願っています。

104

どうしたらいいのか分からない……

プロに頼れば道が開ける

「頑張っても頑張ってもどうにもならない気がする」「一体どうしたらいいのか分からず途方に暮れている」「もうお手上げ」、そんな八方塞がりの状況の時は、プロの力を借りることで道が開けることがあります。

豊富な知識と経験で、自分一人では思いも寄らなかった方法が分かり、何より「頼れるところがある」というのはお母さんを孤独から救ってくれます。

私は長男が小1の時に、東ちひろ先生の「子育て電話相談」のお世話になりました。私は育児が暗礁に乗り上げ、「発達障害」という言葉はまだ知らなかったものの「今までの自分のやり方ではうまくいかないかもしれない」と本を読み漁っていました。その中で特に分かりやすかった『男の子をぐんぐん伸ばす！　お母さんの子育てコーチング術』（メイツ出版）の著者自ら電話相談を受け付けているというのです。私は早速、自宅で赤ちゃんだった長女を抱っこしながら相談させて頂きました。

東先生は、ただひたすらに私の話を否定せずに聴いて下さり、「子どもに怒りがバクハツしてしまった」なんてことも「そうですよね～」と共感しながら受け止めてくれたんです。私はこんなにも「否定せずに話を聴いてもらえる」ことで、気持ちが整理され、味方になってくれる人がいるという安心感を得られ、物事を前向きに考えられる力を与えられるものなのだと、この時初めて知りました。

そして、東先生は、相談時間の最後のほうに「今の私でも無理なくできそうな、ほんの少しのこと」を、具体的に教えてくれました。その時東先生に背中を押してもらって、しばらくはその後も時々相談して伴走してもらいながら、私にできそうなことを考え、実践しながら歩き続けた結果、今の私があります。

今では電話・Skypeなどを使って、自宅で相談を受けられる個人カウンセラーさんも多く、一昔前に比べると、カウンセリングは随分身近なものになっています。家に赤ちゃんや小さな子がいるなど、外出が困難な場合でも、手を差し伸べて対応してくれる方はいます。身近に気軽に悩みを話せる人がいなくても、どんな話でも最後まで否定せずに聴くスキルがあり、誰にも話される心配のない専門家なら、安心して頼れます。

また、私は子どものことで学校から直接の対応が必要な場合なども、スクールカウンセラーさんや特別支援コーディネーターの先生にアポイントを取って、ご相談させて頂くこともあります。

スクールカウンセラーさんは、学校との仲介も上手にして下さるので、担任の先生には直接言いにくいことや、カドを立てずにこちらの要望を伝えたい場合なども、まずは気になっていることを一通り話した上で連携をお願いすれば、言葉を選んで学校側に話して下さるので、とても助かります。一人のスクールカウンセラーさんが、複数の学校をかけもちで担当されている場合も多いので、子どものことで気になることがあれば、早めに相談時間のアポイントを取るのがいいと思います。

また、子ども本人の相談にも乗って頂けるので、もし、いじめや不登校の悩みがあれば、学校の様子にも詳しく、力になってくれる心強い存在になると思います。

それから、自治体や医療機関、大学の研究室等が行っている発達相談や、民間の支援機関からの助言もとても有意義なものです。

発達障害に詳しい専門家は、知能検査などの結果を基に見立てをして、子どもの特性に合った具体的な支援の提案をしてくれます。私は先日、大学の研究室の発達相談を受けてきました。その際、今まで受けてきたＷＩＳＣ－Ⅳの知能検査の結果や、子どもの成績表、テストやノートなどの資料を持参してお話ししたところ、本当に明快で具体的な助言をたくさん頂けました。

また、医師や専門の大学の先生からのお話は説得力があるため、「こんな助言を頂いてきました」と伝えると、学校側も耳を傾けてくれやすいと思います。

うちの子達が通う発達障害の子専門の個別支援塾でも、その都度、子どもの課題を相談しながら、担当の先生が一緒に作戦を練って、うちの子に合った学習方法で進めて下さいます。また、少し先の進路相談も、似たようなお子さん達の実際のデータを基にした、現実的で役立つ情報を提供して頂け、臨床心理士さんも在籍し、知能検査の結果をまとめて、詳しく分かりやすく助言してくれます。

一見、八方塞がりで、お手上げのように思えても、必ず道はあります。

大事なのは、それを探そうとする気持ちが消えてしまわないうちに、差し伸べられた手を掴むことです。

105
もう限界かもしれない↓
日頃から「助けて」の訓練を

もし、「もう限界かもしれない」「これ以上はどうしても無理」と思ったら、「助けて！」と言いましょう。

相手は誰でもいいです。パートナーでも、親でも、ママ友さんでも、近所の方でも、児童相談所でも、「日本子どもの虐待防止民間ネットワーク」や「一般社団法人日本自閉症協会」などの各種相談ホットラインでも、つぶやきでもいいです。

いざという時のために、日頃からもっと手前の段階で「助けて」を言う練習をしておくと、子どもも「人に頼る」ことを学べます。避難訓練と同じです。平時の時にたくさん「助けて」の練習をしておけば、大事の時に必ず役立ちます。

以前はなかなか人に頼れず、なんでも一人で頑張ってしまっていた私も、三人の育児でかなり進歩しました。パパに「一人で買い物に行きたいから、ちょっと子ども達を見ててくれる?」というところからはじめ、自分が熱を出したら幼稚園のママ友さんに「一緒に下の子を幼稚園に連れてってもらってもいい?」とお願いし、ギックリ腰で動けない時には、ご近所さんに「病院まで一緒に車に乗せて下さい!」と頼み込むなど、なんとか人に頼ることができるようになりました。人に頼ることは悪いことではありません。完璧でなくてはならない、いつもいいお母さんでなくてはならない、なんてことはありません。

それぞれが得意分野で「できる範囲で、できること」をすれば充分だと思います。いつも100点じゃなくていいから、全力疾走じゃなくていいから、途中で歩いたり休んだり、ちょっとくらいズルしてもいいから、どうかお身体を労りながら、育児という長い長いマラソンの「完走」を、なんとか一緒に目指しましょう。

どうか動けなくなる前に、お子さんとそして自分のために「助けて下さい」って言って下さい。私はこれ以上に、母親らしい勇気ある行動はないと思います。子どもにとっては「お母さんがただそこにいてくれる」、それだけが望みです。子どもはどんなに遠回りしても、何歳になっても、お母さんを必ず待っていてくれますから。

106 今の子どもがかわいいと思えない ⬇ 愛情のイメージトレーニングを

うちのトイレの壁にはたくさん写真が飾ってあります。三人それぞれの生まれた時の写真、祖父母も一緒の家族写真、妹にちゅーしている兄の写真、私が描いたうちの子のイラストなど。今はワガママを言ったり、あんなことやこんなことをするけれど、赤ちゃん時代はどの子もそれぞれ本当に天使のようでした。そんな、生まれたばかり、生んだばかりの気持ちを、いつも身近に感じられるようにしています。

親も子も気分や体調のコンディションに波があるのは、人間として当たり前のことです。状態の良い時にいろいろと「ストック」しておくと役立ちます。

私はiPodに、子どもの笑い声のボイスメモを保存しています。子どもの無邪気なケタケタという笑い声は、聞くだけでこわばった気持ちがほぐれ、和みます。また、自分が穏やかな気持ちの時に優しい口調で「○子ちゃん、そろそろ幼稚園の時間ですよ。おしたくできましたか？」という録音もして、イライラして優しく言えそうにない時、そちらを聞かせることもあり、私も自分自身の優しい声にハッとなります。

お伝えした「できた日記」や手書きのコメントなど記録に残るものも、こちらのコンディションによらずに、子どもにいつでも愛情を伝えることができます。

そして、「今」の子どもがどうしてもイライラして受け入れられない時、トイレにある赤ちゃん時代のかわいい写真を見たり、母乳が豊かに溢れていた頃を思い出したりして、イメージトレーニングと深呼吸をします。

育児も「初心忘れるべからず」です。イライラし続けてしまったら、この写真達を眺めながら、気持ちを落ち着けます。

長男は、初めての育児で、寝ない、目が離せない、で大変でしたが、いたずらな笑顔があんまり可愛いので、パパと「こんなに可愛い子がたくさんいたら、毎日がどんなにか楽しいだろうね」と話して、二人目、三人目が生まれたのです。

次男は、アレルギーで元気がなくて心配でしたが、毎日一晩中、小さな背中をずっと優しく掻いてあげていました。日々が必死で、あまり当時の写真はありませんが、その柔らかな背中の感触、安らかになった寝息は鮮明に覚えています。

長女は、妊娠中から毎日小さな兄達が「早くでておいで」とお腹に話しかけて、家族全員の立ち会い出産で、皆に見守られ、待ち望まれて、初めての女の子が生まれ出てきました。太陽のようなまんまるの笑顔でよく笑う、愛の溢れた赤ちゃんでした。どの子も、それぞれに本当に可愛くて、愛おしくて、私なりに一生懸命育てて来たんです。

そんなことを思い出すと、今、無事に健康に成長し、自分の意思を持って動き出した子が、私の期待どおりに動かなくても、それは小さなことのように思えてきます。そんな風に思えたら、トイレから出て、怒ってしまった子の頭をポンポンと撫でたり、黙ってひざの上に乗せたりします。自分のコンディションと上手につき合うことで、気持ちの荒波をさざ波くらいに落ち着けることができます。

私は、初心に戻ると、枯渇したような気がした愛情が、心の奥底のほうから、再びじんわりと湧き出してくるような感覚になります。

107

今日は怒り過ぎてしまった↓

終わり良ければ全て良し

　うちでは、今年の夏休みに、長男のお友達が泊まりにきたことをきっかけに、長男が「二階で弟と二人で寝る！」と言い出し、突然、親と一緒の寝室から「独立」してしまいました。

　一緒に寝ていたときは、毎晩それぞれ寝る前の「儀式」がありました。自分の好きなことで楽しい気持ちになり、スキンシップで安心して入眠できると、翌朝も機嫌良く起きることができます。ところが、寝る前に「いい加減に早く寝なさい！」と怒鳴ってしまったり、こちらが悶々としてその日の反省会をしたりしようものなら、翌朝は起きた瞬間から機嫌が悪く、登校しぶり率も上がってしまうのです。

大人は寝ることで気持ちの切り替えができることもありますが、子どもは寝る前に

「一時停止」ボタンを押して、目覚めると昨日の「続きから再生」になってしまうようです。

だから、一日の終わりで、こちらもヘトヘト・クタクタ状態ですが、ここはちょっと頑張りどころです。「人間的に『感情』で怒ってしまう、というのは無理に抑え込もうと頑張らなくてもいいこと」と最初にお話ししましたが、もし怒るのをガマンする必要があるとすれば、頑張り時は寝る前のここです。

「終わり良ければ全て良し」です。その日、子どもを怒り過ぎてしまったと思ったら、ここでチャラにします。

「今日は怒っちゃってごめんね。でも大好きだよ。ギュー！」と謝ったり、「◯太郎、今日は◯◯をがんばったね」とできたところを認めたり、「◯子ちゃんのお顔見せて。かわいいお鼻だなあ」と撫でて、愛情を分かりやすく伝えたりしています。

そして、気分よく眠れるように、それぞれ自分に合った方法で過ごします。

【うちの子の入眠の儀式】

長男：ギャグマンガを読む。「寝る前に楽しいことを考えると、イヤなことがあった日も楽しい夢を見るんだ〜」だそうです。布団はかけずに、敷き布団とマットレスの間に挟まって寝るのがお気に入りです。赤ちゃん期や、幼児期は夜中によく起きて、遊び始めることもあった長男ですが、今はスイッチが切れたようにコテンと朝まで寝ることが多くなりました。

次男：マンガを読む。次男のベッドはマンガ雑誌でできているのかと思うくらい、マンガの中に埋もれています。そして、私に背を向け、寝付くまで優しく指の腹で背中を掻いてあげます。アレルギーでかゆみが出ていた、赤ちゃん時代から続く習慣で、これをしていると、私も気持ちが落ち着いて眠りやすくなります。

長女：絵本の読み聞かせ。長女は毎晩「今日はこれよんで」と絵本を持ってきて、この時間をとても楽しみにしています。時々、次男の宿題を見ている間に、パパが読んで寝付いてくれているという、とてもありがたい日もあります。そして、読み聞かせが終わると、長女は私の肘の外側のぷにぷにしたところを、ずっとモミモミと触り続けます。ここが特にお気に入りで、寝る前以外でも、落ち着かないとき、疲れたとき、さびしいとき、そうすると落ち着くようです。

そして、私の両側に次男と長女、長女の隣に長男、という配置でしたが、三人ともどこかを私にくっつけて寝ていました。

長男は不安な時や、学校でイヤなことがあった時など、ナナメ向きで足先だけ私のももやふくらはぎの間に挟んできたり、長女の上に置いた腕の先で手をつないだりして、かあちゃんに「タコ足配線」していました。冬の寒い時期は皆でくっついてきてスシ詰め状態で、私はよく、満員ギューギュー詰めの温泉に入っている夢を見ていました。今現在は、長男と次男は床に布団を並べて、一緒にマンガを読んで寝ていて、時々少し遅くまで笑い声が聞こえてきたりもします。うちは朝が早いので、9時にはメインのライトは消灯してきますが、あとは本人達に任せています。

以前は、狭いし、暑いし、肩も凝り「早く広々寝たい」と一人専用ベッドでさっさと寝ているパパを常々恨めしく思っていましたが、いざ、上の子たちが二階に「独立」してしまうと、なんだかスカスカして落ち着かない今日この頃です。

一日の終わりを楽しく過ごせたら、今日も頑張ったという気持ちになれます。そして、たとえ怒ったまま終わっても、お母さんが一日頑張ったことに変わりありません。

108 一体いつになったら落ち着くの？ → そんな日は来ません

私が初めて「親の資格永久ライセンス」を強制発行された日から、早10年が経ちました――。うちの子たちときたら、こちらが手を尽くしても、いまだにいろんなトラブルをお土産に持ち帰ってくれます。「一体いつになったら楽になるんだろう？」「うちに落ち着く日はやってくるんだろうか？」と思うこともよくあります。

でも、子どもの変化を見れば、以前よりは「その子なりに」随分成長したなと感じますし、できることも確実に増えています。

どんな子どもでも、「子どもという生き物」は、トラブルや問題を起こす存在であり、生きている証拠であると言えると思います。もし、うちの子が何もトラブルを起こさなくなったとしたら……それは、私に不都合なことを何も言わなくなった時か、私が問題として気にならなくなった時のどちらかです。

私が長男出産で入院中の時に、初めての赤ちゃんを傍らに読んでいた、シアーズ博士夫妻の『ママになったあなたへの25章』（主婦の友社）という本に、衝撃的な言葉が載っていました。

赤ちゃんが生まれたお母さんの「いったいいつになったら、前の『普通』の生活に戻れるの？」という問いに対し……**「そんな日は来ません」**と断言しているのです！当時の私はベッドの上でいささかショックを受け、見舞いにきたパパに見せて「そんな日は来ないんだって！」「そうかあ、来ないのかあ」というやりとりをした覚えがあります（笑）。

でもこの言葉で、あきらめがついたというか、新米お母さんなりに腹を括れた気がします。そして、実際にこの言葉どおり、子どもがやってくる以前の「普通」の生活は、あれから10年経っても未だにうちにやって来ません。そんな期待は早めに諦めて、腹を括ったほうがいいんです。これも親としての「適応」で、うちでは「トラブルがある日常」が「普通の生活」になっています。

私は「そんな日は来ません」という言葉を自然に受け入れられた時が、親として子

どものありのままの凸凹を受け入れられた時、と考えています。

****

今、苦しい気持ちで発達障害っ子の子育てをされているお母さんへ。

育てるのが大変難しい、よく怒られる、心配事の多い、目が離せない、危ないことばかりする、気難しい、扱いにくい、スキンシップを嫌がる、意思疎通が難しい、言うことを聞かない、相手の気持ちが分からない……そんな育児上級者向けコースのお子さんは、今生きているだけでも奇跡だと思います。

お母さんが今まで本当によく頑張って来られた証拠です。

まずは、そんなご自分を心からほめてあげて下さいね(^-^)

楽々かあさんより。

****

(ブログより抜粋)

おわりに

私は、ほんの少し前まで、自信のない、ただのお母さんでした。

日々降りかかる難題に振り回され、疲れ果て、周りのお母さん達が次々と復職し、趣味に社交にと輝いている中、「なんで私だけいつまでも楽にならないんだろう」と思っていました。そして、「今日も怒って一日が終わってしまった」と反省しながら寝ては、また次の日もその繰り返し。日々生き延びることだけに必死で、子ども達の成長に気づく余裕すらありませんでした。

でも、今ようやく、子どもも私自身も「凸も凹もこれでいいんだ」という自信が持て、子育てが本当に楽に、楽しくなってきて、心から言えることがあります。

子育てほど、素晴らしい、やりがいのあるお仕事はありません！

毎日多彩な変化に富み、自分の持っている愛情・知識・経験・気力・体力を総動員し、今までの人生や感情の波と向き合う修行もできる、こんなにクリエイティブで楽しいお仕事は滅多にありません。そして、年中無休なのに無報酬というブラックぶりですが、我が子の成長と笑顔、そして愛情のお返しという、かけがえのない報酬を沢山貰うことができます（スカスカになるほど吸い上げられた私の愛情も、積立金のように、いずれ返ってくるかもしれません）。

世界一多いお仕事の同業者の皆さん、一生に一度の自分だけの育児、楽しまなくてはソンです！

本書の執筆にあたり、まず、汐見稔幸先生に、ご多忙の中監修をお引き受け下さったことに深謝いたします。そして、多くの方々が私の凸凹を補って、支えて下さったおかげで、私の子育てを本という形にすることができました。

東ちひろ先生には、子どもとのコミュニケーションやスキンシップの取り方といった、本当に基本的なことすら何も知らなかった私に、育児と愛情の伝え方を一から教えて頂きました。私の人生を豊かに変えて下さって、心より感謝とご尊敬を申し上げます。

また、初めての出版にあたり、このような素晴らしい企画に挑戦する機会を頂き、ここまで丁寧に導いて下さったポプラ社の大塩さんと、「声かけ変換表」の拡散直後、夜行バスで遠路はるばる会いに来て、一母親である私が出版できるまで、根気よく尽力して下さった編集集団WawW！Publishing乙丸さんに、感謝と敬意を表します。おかげさまで良い本になったと思っております。

そして、いつも私の記事を読んで「いいね！」して下さる、同じようなお子さんを持つFacebookの仲間の皆さん。毎回本当に励まされ、私のほうが勇気を頂いています。ありがとうございます。

最後に。とうちゃん、いつもありがとう。こんなに良いパパはいません。それから、可愛い三人の子ども達。かあちゃんは、あなた達のお母さんになれて、本当に幸せです。かあちゃんのお腹にやって来てくれて、ありがとうね。

2015年12月

大場美鈴

参考文献

『男の子をぐんぐん伸ばす！　お母さんの子育てコーチング術』（東ちひろ：著／メイツ出版）

『スペシャリスト直伝！　教室で使える！　ほめ方・しかり方の極意』（東ちひろ：著／明治図書出版）

『子どもが伸びる！　魔法のコーチング』（東ちひろ：著／学陽書房）

『ギフテッド―天才の育て方』（杉山登志郎・岡南・小倉正義：著／学研プラス）

『発達障害のある子どもができることを伸ばす！　学童編』（杉山登志郎：著、辻井正次：監修、アスペ・エルデの会：協力／日東書院）

『発達障害のある子どもができることを伸ばす！　思春期編』（杉山登志郎：著、辻井正次：監修、アスペ・エルデの会：協力／日東書院）

『育てにくい子にはわけがある―感覚統合が教えてくれたもの』（木村順：著／大月書店）

『脳をきたえる「じゃれつき遊び」』（正木健雄・井上高光・野尻ヒデ：著／小学館）

『家庭で無理なく楽しくできるコミュニケーション課題30』（井上雅彦：編著、藤坂龍司：著／学研プラス）

『発達障がいを持つ子の「いいところ」応援計画』（阿部利彦：著／ぶどう社）

『ケース別 発達障害のある子へのサポート実例集 小学校編』（上野一彦・月森久江：著／ナツメ社）

『「困り」解消！　算数指導ガイドブック―ユニバーサルデザインの前に』（小野寺基史・白石邦彦：監修、末原久史・中嶋秀一：編著、算数と特別支援教育を語る会・著／ジアース教育新社）

『小学校国語・算数　個々のニーズに応じた指導に役立つ教材・教具』（山岡修・柘植雅義：編著／明治図書出版）

『発達障害の子を育てる本　ケータイ・パソコン活用編』中邑賢龍・近藤武夫：監修／講談社）

『発達障害のある子とお母さん・先生のための思いっきり支援ツール―ポジティブにいこう！』（武藏博文・高畑庄蔵：著／エンパワメント研究所）

『コミック会話　自閉症など発達障害のある子どものためのコミュニケーション支援法』（キャロル・グレイ：著、門眞一郎：訳／明石書店）

『最新子どもの発達障害事典』（原仁：責任編集／合同出版）

『ママになったあなたへの25章』（マーサ・シアーズ・ウイリアム・シアーズ：共著、岩井満理：訳／主婦の友社）

『さがしてみよう！　マークのえほん』（ぼここうぼう：著／学研）

『こどもあんぜん図鑑』（国崎信江：監修／講談社）

『ひとりでできるよ！　図鑑』（横山洋子：監修／学研プラス）

など、多数。

大場　美鈴（おおば・みすず）楽々かあさん

1975年生まれ。うちの子専門家（専業主婦）。
美術系の大学を卒業後、出版社で医療雑誌の編集デザイナーとして勤務し退社。実父の介護とうつを経験後、結婚。3人の子宝に恵まれる。長男（小4）はASD+LD+ADHDで、通常学級在籍。次男（小2）、長女（年中）はいくつか凸凹特徴のあるグレーゾーン。2013年より、Facebookなどで管理人「楽々かあさん」として、育児の傍ら、発達障害育児に役立つ支援ツールの制作と、日々の子育てのアイデアをシェア・情報発信する個人活動を開始。

**発達障害&グレーゾーンの3兄妹を育てる母の
毎日ラクラク笑顔になる108の子育て法**

2016年1月20日　第1刷発行

著　　者　大場 美鈴
監 修 者　汐見 稔幸
発 行 者　奥村 傳
編　　集　大塩 大
発 行 所　株式会社ポプラ社
〒160-8565　東京都新宿区大京町22-1
電　話　03-3357-2212（営業）　03-3357-2305（編集）
0120-666-553（お客様相談室）
振　替　00140-3-149271
一般書編集局ホームページ　http://www.webasta.jp/

印刷・製本　中央精版印刷株式会社

N.D.C.378/303 P /19cm　ISBN978-4-591-14795-5